Einfache Antworten
auf einfache Forderungen

WINFRIED GROENENHAIN

Einfache Antworten auf einfache Forderungen

Eine Analyse der Forderungen der
„Alternative für Deutschland“ (AfD)
in ihrem Wahlprogramm
zur Europawahl 2024

Bibliografische Information der Deutschen Nationalbibliothek.
Die Deutsche Nationalbibliothek verzeichnet diese Publikation
in der Deutschen Nationalbibliografie;
detaillierte bibliografische Daten sind im Internet
über http://dnb.dnb.de abrufbar.

ISBN 978-3-7583-6803-5

Inhalt

Vorwort

Vom 6. bis 9. Juni 2024 finden in allen Mitgliedsstaaten der Europäischen Union (EU) Wahlen zum nächsten Europaparlament statt. In der Bundesrepublik Deutschland werden sich daran wie schon vor 5 Jahren wieder viele Parteien beteiligen, nicht zuletzt deshalb, weil bei dieser Europawahl nicht wie bei nationalen Wahlen eine 5%-, sondern nur eine 1%-Klausel gilt, d.h., alle deutschen Parteien, die wenigstens 1% der abgegebenen gültigen Wählerstimmen erhalten, dürfen wenigstens einen Abgeordneten ins Europaparlament entsenden.

Man muss kein Hellseher sein um vorherzusagen, dass auch dieses Mal wieder vor allem die in den jetzigen Deutschen Bundestag gewählten Parteien mit Abstand die meisten unter den zukünftigen deutschen EU-Parlamentariern stellen werden. Von diesen Parteien stehen alle mit einer Ausnahme der EU grundsätzlich positiv gegenüber, und diese eine Ausnahme ist die AfD. Sie hat sich bereits in der Vergangenheit kritisch zur EU geäußert, und auch ihr Wahlprogramm zu dieser Europawahl[1] ist entsprechend formuliert.

Doch was will die AfD genau? Was sind ihre Forderungen im Hinblick auf Europa? Inwieweit sind diese Forderungen realistisch und durchsetzbar? Und was würde das alles für Deutschland bedeuten, wenn sie 1:1 umgesetzt würden? Es geht im Folgenden um die Forderungen der AfD für die Europawahl 2024, es geht nicht um das Parteiprogramm der AfD, es geht

---

1   *Europawahlprogramm 2024 – Alternative für Deutschland (afd.de),*
     zuletzt heruntergeladen am 26.12.2023

nicht um eine Bewertung der politischen Grundsätze der AfD, und es geht nicht um die Ansichten und Äußerungen einzelner AfD-Repräsentanten.

Auf diese Fragen werden hier Antworten gegeben. Dabei stehen zwei Prinzipien im Vordergrund: erstens sollen die Antworten ebenso einfach formuliert werden wie die Forderungen im AfD-Wahlprogramm. Um detaillierte(re) Antworten sollen sich die Spezialisten kümmern. Und zweitens geht es bei dieser Analyse ausschließlich um die inhaltlichen Forderungen, d.h. es geht nicht um die von der AfD aufgestellten Kandidaten zur Europawahl, ihre Persönlichkeiten, ihre Geschichte oder ihre in der Öffentlichkeit gemachten Aussagen. Dabei wird bewusst keine Vorverurteilung des Programms vorgenommen, nur weil es das AfD-Wahlprogramm ist. Emotionen dienen weder der EU noch der Politik im Allgemeinen, es geht hier ausschließlich um die inhaltliche Auseinandersetzung.

Diesen Prinzipien folgend werden die Forderungen aus dem AfD-Wahlprogramm in drei Bereiche eingeteilt und einzeln analysiert: formale und institutionelle Forderungen, Forderungen aus den einzelnen Politikbereichen und administrative Forderungen. Am Ende werden die Analyseergebnisse auf weniger als zwei Seiten zusammengefasst. Wer also nur das Wesentliche des AfD-Wahlprogramms zur Europawahl wissen will, die Möglichkeiten seiner Durchsetzbarkeit und was es für Deutschland bedeuten würde, wenn die Forderungen umgesetzt würden, braucht lediglich diese zwei Seiten des Vorworts und die zwei Seiten am Ende zu lesen, und schon weiß er alles über die Forderungen der AfD zur Europawahl 2024 und ihre Konsequenzen – einfacher geht es kaum.

Das etwa 50-seitige Wahlprogramm der AfD enthält insgesamt 46 (Gruppen von) Forderungen; manche davon tauchen wiederholt und an mehreren Stellen mit ähnlichem oder gar identischem Wortlaut auf und werden daher nur einmal in die Analyse aufgenommen. Jede Forderung wird zunächst als wörtliches Zitat direkt aus dem Wahlprogramm übernommen und zwischen Anführungszeichen „" *kursiv* dargestellt. Daran schließt sich jeweils direkt eine Antwort in einem ähnlich knappen Stil mit einer allenfalls kurzen Begründung und eine Bewertung an. Für die Bewertungen werden folgende Kategorien verwendet (jeweils **fett** dargestellt):

- **unvereinbar**: diese Bewertung bedeutet, dass eine Forderung nicht im Einklang mit grundlegendem EU-Recht steht. Sie kann eigentlich nur durch die Auflösung der EU oder einen Austritt Deutschlands aus der EU umgesetzt werden;

- **vereinbar**: eine Forderung wird als „vereinbar" eingestuft, wenn sie im Einklang mit grundlegendem EU-Recht steht und gegebenenfalls durch Verhandlungen auf der Basis geltender Regeln erreicht werden kann. Damit ist keine Aussage darüber getroffen, wie groß die Erfolgsaussichten für eine Umsetzung dieser Forderung sind oder wie sinnvoll sie im Einzelfall ist;

- **erfüllt**: diese Bewertung wird gewählt, wenn die Forderung aktuell bereits (weitgehend) erfüllt ist;

- **kontraproduktiv**: diese Kategorie bezieht sich auf Forderungen, deren Umsetzung für Deutschland (deutlich) mehr

Nachteile als Vorteile haben würde, sollte sie umgesetzt werden;

- **widersprüchlich**: diese Kategorie wird benutzt, wenn Forderungen in sich oder im Vergleich zu anderen Forderungen im Widerspruch stehen;

- **irrelevant**: diese Kategorie wird verwendet, wenn eine Forderung keinen Bezug zur Europawahl hat. Sie wird vor allem bei Forderungen verwendet, die nur national umgesetzt werden können und daher für die Europawahl ohne Belang, eben irrelevant, sind.

Alle Forderungen werden den drei Bereichen zugeordnet und innerhalb jedes Bereichs entsprechend ihrer Reihenfolge im Wahlprogramm durchnummeriert (bei den formalen und institutionellen Forderungen von IF1 bis IF7, bei den politischen Forderungen von PF1 bis PF37, und bei den administrativen Forderungen von AF1 bis AF2), zudem wird hinter jeder Forderung die entsprechende Seitenzahl des Wahlprogramms angegeben, so dass die jeweilige Stelle dort leicht zu finden ist und nachgelesen werden kann.

Am Schluss noch eine allgemeine Bemerkung zu dem Inhalt des Wahlprogramms. Manche der beispielsweise zur Begründung der Forderungen verwendeten Formulierungen und Argumente entsprechen nicht der Realität – sie gehören also zu den sogenannten „Alternativen Fakten" oder „Fake News" –, sind nicht nachvollziehbar, stellen irreführende Vergleiche an oder sind zumindest verzerrt dargestellt. Beispiele sind im Folgenden im Zusammenhang mit einigen Forderungen zu finden. Eine systematische Durchsicht des Wahlprogramms auf solche Fälle findet aber nicht statt.

März 2024   Winfried Groenenhain

Formale und institutionelle Forderungen

IF1: „Wir halten die EU für nicht reformierbar und sehen sie als gescheitertes Projekt. Daher streben wir einen „Bund europäischer Nationen" an, eine neu zu gründende europäische Wirtschafts- und Interessengemeinschaft, … Da die EU nicht im Sinne der AfD reformierbar ist, treten wir für die Neugründung einer europäischen Wirtschafts- und Interessengemeinschaft ein. … Angesichts der Tatsache, dass die EU nicht reformierbar ist, treten wir für die Gründung eines Bundes europäischer Nationen ein." (S. 9 – 10)

Antwort IF1: Diese Forderung ist mit den grundlegenden EU-Verträgen nicht vereinbar. Um diese Forderung umsetzen zu können, müssten diese Verträge geändert werden, wozu Einstimmigkeit aller EU-Mitgliedsstaaten erforderlich ist – zur Erinnerung: das Einstimmigkeitsprinzip wird mittlerweile nur noch bei ganz wenigen Entscheidungen angewandt, z.B. bei Änderungen der grundlegenden Verträge, bei EU-Erweiterungen, dem mehrjährigen Finanzrahmen oder im Bereich der Steuern. Diese Einstimmigkeit bei Änderungen grundlegender Verträge zu erreichen ist vollkommen unrealistisch, da jedes einzelne Mitgliedsland die notwendigen Vertragsänderungen verhindern kann, und so ein Land wird es immer geben, es sei denn, die EU löst sich freiwillig auf. Diese Forderung der AfD ist also innerhalb der EU nicht erfüllbar, was entweder ein Abrücken von dieser Forderung – was unrealistisch erscheint: warum sollte die AfD eine für sie grundlegende Forderung aufstellen, von der sie später abrücken will? – oder den Austritt

Deutschlands aus der EU bedeuten würde. Mit anderen Worten: die AfD fordert den Austritt Deutschlands aus der EU, unabhängig davon, was auch sonst immer wieder behauptet wird.

Bewertung IF1: **unvereinbar**

Anmerkung: Das Wahlprogramm der AfD enthält eine Vielzahl weiterer Vorschläge, die sich auf eine „europäische Wirtschafts- und Interessengemeinschaft" bzw. einen „Bund europäischer Nationen" beziehen. Sie werden hier nicht weiter analysiert, weil sie im Rahmen der derzeitigen EU nicht umsetzbar und daher für die Europawahl 2024 irrelevant sind. Nichtsdestotrotz ist eine Betrachtung der ersten vagen Ideen dieser alternativen Formen zukünftiger Zusammenarbeit sehr aufschlussreich, weil sie sehr viel über die langfristige Vorstellung der AfD zu Europa und ihre eigentlichen Ziele aussagt (siehe dazu auch die Zusammenfassung im letzten Kapitel).

> *IF2: „... die EU [entwickelt sich] immer mehr zu einem europäischen Bundesstaat, bei dem die einzelnen Mitgliedsländer zu bloßen Gliedstaaten ohne eigene Souveränität degradiert werden. Dagegen hilft nur eine konsequente Rückkehr zum Einstimmigkeitsprinzip zwischen den Mitgliedstaaten" (S. 9)*

Antwort IF2: Unabhängig davon, ob man die Aussage der AfD über die „Degradierung" der EU-Mitgliedsstaaten zu „Gliedstaaten" teilt oder nicht, bedeutet die Forderung nach der „konsequenten Rückkehr zum Einstimmigkeitsprinzip" – die im Übrigen im Gegensatz zu grundlegendem EU-Recht steht – nichts anderes als eine weitgehende bis vollständige

Lähmung der EU, denn allein das Mehrheitsprinzip ermöglicht derzeit jeglichen wesentlichen Fortschritt in der EU, wie die letzten Jahre eindrucksvoll gezeigt haben, da sonst einzelne Mitgliedsstaaten die anderen (permanent) erpressen können. Diese Forderung erscheint außerdem scheinheilig: erst soll die EU handlungsunfähig gemacht werden, nur um dann ihre Handlungsunfähigkeit zu beklagen.

Bewertung IF2: **unvereinbar** und **widersprüchlich**

> *IF3: „Es darf in Deutschland keine Verträge bezüglich einer EU-Erweiterung sowie der Abgabe von Hoheitsrechten und Haftungszusagen ohne Volksabstimmungen geben." (S. 11)*

Antwort IF3: Diese Forderung ist eine ausschließlich nationale Angelegenheit – nach derzeit geltender Rechtsauffassung wäre hierzu eine Grundgesetzänderung notwendig – und hat daher in einem Wahlprogramm für eine Europawahl nichts zu suchen.

Bewertung IF3: **irrelevant**

> *IF4: „Das undemokratisch gewählte EU-Parlament wollen wir abschaffen. Die Rechtsetzungskompetenz wird bis zur Neuordnung der Verhältnisse allein dem Rat übertragen, dessen Mitglieder in ihrem Stimmverhalten jedoch an Entscheidungen der nationalen Parlamente gebunden werden müssen." (S. 11)*

Antwort IF4: Es gibt in der Tat immer wieder Kritik an der Konstruktion des EU-Parlaments. Im Vergleich zu nationalen Parlamenten hat es u.a. weniger Aufgaben und die in den einzelnen Mitgliedsstaaten abgegebenen Stimmen haben unterschiedliches Gewicht. Nur ob das deshalb schon undemokratisch ist und daher genügt, das EU-Parlament abzuschaffen und die (ausschließliche) Rechtsetzungskompetenz an den Rat zu übertragen, sei dahin gestellt, zumal dann die Bürger der EU überhaupt keinen direkten Einfluss mehr auf dieses „modifizierte Parlament" haben würden. Auf alle Fälle wäre eine einstimmige Änderung grundlegenden EU-Rechts erforderlich, was höchst unwahrscheinlich ist, da es immer wenigstens ein Mitgliedsland geben wird, dass sich solchen Vorschlägen widersetzen wird. Die zusätzliche Forderung, das Abstimmungsverhalten im Rat verbindlich an Entscheidungen der nationalen Parlamente zu binden, ist ein Eingriff in die Souveränität der einzelnen Mitgliedsstaaten und steht damit im Widerspruch zu der im Wahlprogramm wiederholt vorgebrachten Forderung, dass die Mitgliedsstaaten das letzte Wort haben sollen: wenn ein Mitgliedsstaat keine vorige Entscheidung seines Parlaments möchte, ist dies eine nationale Angelegenheit und darf nicht durch (neues) europäisches Recht eingefordert werden. Und selbst wenn vorher eine Abstimmung im nationalen Parlament stattfindet, dann wird sie in aller Regel im Einklang mit der Meinung der jeweiligen Regierung stehen, da jede Regierung in demokratischen Ländern grundsätzlich die Unterstützung der Mehrheit des jeweiligen Parlaments hat.

Bewertung IF4: **unvereinbar** und **widersprüchlich**

> *IF5: „Wir fordern ... ein verpflichtendes Lobbyregister, in dem jeglicher Kontakt mit Lobbyisten zeitnah und lückenlos veröffentlicht wird." (S. 14)*

Antwort IF5: Seit 2008 existiert bereits ein (freiwilliges) Transparenzregister zur Überwachung des Lobbyismus. Die einzelnen Institutionen wie Kommission, Rat und Parlament haben zudem weitere Regeln, an deren Einhaltung die Ausübung bestimmter Tätigkeiten der Lobbyisten gebunden ist. Vorhandene Verfahren bieten die Möglichkeit, die aktuellen Regeln zu überarbeiten, falls dies erforderlich erscheint.

Bewertung IF5: **vereinbar**

> *IF6: „... [Wir] fordern ... ein uneingeschränktes Recht auf Information für alle Bürger und eine maximale Transparenz durch eine Veröffentlichungspflicht aller in den EU-Institutionen anfallenden Daten ... Sämtliche Privilegien für Lobbyisten sind abzuschaffen. ... Nichtregierungsorganisationen (NGOs) haben eine jährliche Offenlegung eines Geschäftsberichtes vorzunehmen, aus dem deren Finanzquellen und ihre Aktivitäten hervorgehen. ... (S. 12)*

Antwort IF6: Die erste Forderung aus dieser Gruppe von Forderungen ist bei entsprechender Nachfrage mit Ausnahme besonders vertraulicher Dokumente und unter Berücksichtigung des Datenschutzes bereits erfüllt. Die Forderung nach einer Abschaffung von Privilegien von Lobbyisten zielt zu kurz. Sie verfügen zuweilen über Fachwissen, das in den Europäischen Institutionen so nicht vorhanden ist – übrigens ähnlich wie auf nationaler Ebene. Es wäre daher besser, dafür zu sorgen, dass der Lobbyismus, soweit noch nicht geschehen, in akzeptable Bahnen gelenkt wird statt vollständig darauf zu verzichten und Schritte zu weiterer Transparenz eingeleitet werden. Einer Offenlegung von Geschäftsberichten z.B. von NGOs steht grundsätzlich nichts im Wege, wenngleich dadurch weitere Bürokratie erzeugt wird, denn es genügt nicht, solche Organisationen zu Veröffentlichungen zu verpflichten, sondern die Berichte müssen auch ausgewertet und gegebenenfalls Vorschläge für die Zukunft erarbeitet werden.

Bewertung IF6: grundsätzlich **vereinbar**, teilweise bereits **erfüllt** und **widersprüchlich**

> *IF7: „… [Wir] setzen auf eine wesentliche und praxisgerechte Erleichterung des gesamten Rechtshilfeverkehrs durch zwischenstaatliche Abkommen. Ansonsten besteht die Gefahr einer weiteren Verlagerung hoheitlicher Kompetenzen von den Nationalstaaten auf die EU-Ebene." (S. 15 – 16)*

Antwort IF7: Diese Forderung ist unpraktisch und kontraproduktiv. Es mag mit einem einzelnen Land (konkret wird die Schweiz genannt) für ein einzelnes Politikfeld funktionieren, aber wenn man nur mit allen derzeitigen anderen EU-Mitgliedsstaaten solche Abkommen abschließen möchte, dann muss man für jedes Politikfeld bis zu 26 solcher Abkommen aushandeln, was sicherlich einige Zeit dauern wird. Zudem ist kaum vorstellbar, dass all diese Abkommen inhaltlich identisch wären – schließlich hat jedes andere Land seine rechtlichen Besonderheiten, die es bei einer Abkehr vom einheitlichen EU-Recht berücksichtigt wissen will –, so dass auch deren spätere Umsetzung wesentlich schwieriger sein würde als die Verwendung eines einzelnen einheitlichen Abkommens. Und was passiert eigentlich in der Zwischenzeit bis zur Ratifizierung jedes einzelnen Abkommens, wäre das jeweilige Politikfeld dann rechtlich ungeregelt, so dass dort (zumindest zeitweise) keine Politik mehr betrieben werden könnte? Diese Forderung erscheint auf den ersten Blick weltfremd und den Interessen Deutschlands entgegenzustehen.

Bewertung IF7: **kontraproduktiv**

Politische Forderungen

PF1: „Zum Schutz der europäischen Nationen und Kulturen muss die Masseneinwanderung beendet werden. Der Schutz der europäischen Außengrenzen ist die erste und wichtigste Gemeinschaftsaufgabe. Er umfasst die Errichtung physischer Barrieren, eine technische Überwachung und den Einsatz von Grenzschutzkräften. ...“ (S. 11)

Antwort PF1: Die seit knapp einem Jahrzehnt zu beobachtende zusätzliche Einwanderung größeren Ausmaßes aus asiatischen und afrikanischen Ländern und zuletzt aus der Ukraine ist mittlerweile innerhalb der EU als wichtiges Problem erkannt und steht seit Jahren permanent auf der Tagesordnung der EU-Gremien. Viele Vorschläge zur Lösung von EU-Organen wie auch aus Mitgliedsstaaten hat es bereits gegeben, aber sie scheiterten bisher vor allem an der mangelnden Kooperationsbereitschaft einzelner Mitgliedsstaaten vor allem aus Osteuropa. Aktuell gibt es eine Liste von Maßnahmen, die trotz Widerstands vor allem aus Ungarn noch vor der Europawahl vom EU-Parlament angenommen und danach umgesetzt werden sollen. Allerdings sind sie immer noch weit von den Forderungen der AfD entfernt, die an den Grundsätzen der EU rütteln.

Bewertung PF1: **vereinbar** und als Problem erkannt

Anmerkung: Das Thema „Migration" kommt im Wahlprogramm der AfD zur Europawahl 2024 immer wieder vor, es ist nicht nur im Zusammenhang mit der Europawahl eines der Schwerpunktthemen der Partei. Folglich enthält es weitere Vorschläge zu diesem Thema, wenn auch mit unterschiedlichen Nuancen und geänderten Formulierungen, ohne allerdings wirklich Neues zu präsentieren. Viele Vorschläge zu diesem Thema beziehen sich vornehmlich oder ausschließlich auf nationale Regeln, die für das Wahlprogramm zur Europawahl irrelevant sind, da sie nur national umgesetzt werden können, was in der Praxis teilweise allerdings nur sehr schwer möglich ist. Hier die wichtigsten Vorschläge (siehe hierzu aber auch PF6 weiter unten):

- Durchführung von Asylverfahren in Drittstaaten,

- konsequentes Vorgehen gegen illegale und engmaschige Beschränkung und Steuerung legaler Migration,

- Abschiebung von straffälligen Migranten zur Not in aufnahmebereite Drittstaaten,

- Einführung eines Burkaverbots,

- Ächtung von Antisemitismus,

- Abschaffung der Bleiberechtsregelung für Ausreisepflichtige,

- kein automatischer Aufenthalt für anerkannte Asylbewerber,

- sofortige Rückführung von Flugzeugpassagieren ohne Einreiselegitimation mit dem nächsten Flug,

- Einschränkung des Flugverkehrs mit Ländern ohne hin-

reichende Kontrolle der Einreiselegitimation (in aller Regel
handelt es sich hier um bilaterale Luftverkehrsabkommen),

• Einstufung der „Einschleusung von Drittstaatlern" durch
Nichtregierungsorganisationen als „schwere Straftat",

und

• Rückgewinnungsprogramme für „auslandsdeutsche Leis-
tungsträger", wer immer das sein mag und wie immer solche Programme auch aussehen mögen.

Außerdem nennt die AfD in diesem Zusammenhang Selbst-
verständlichkeiten wie die Durchsetzung des nationalen
Strafrechts oder das Verbot von Kinder-/Zwangsehen, was
ohne nähere Begründung nicht nachvollziehbar ist.

*PF2: „Die Selbstbestimmung der Mitgliedstaaten der EU in
der Asyl- und Zuwanderungspolitik muss ... wiederhergestellt werden. Das europäische gemeinschaftliche Asylsystem
(GASP) muss aus dem Europäischen Vertrag (AEUV) heraus-
genommen und die Zuständigkeit für die Asyl- und Zuwanderungspolitik an die Nationalstaaten zurückgegeben werden."
(S. 13 – 14)*

Antwort PF2: Unabhängig davon, wie man zu dieser Forderung
stehen mag, würde ihre Umsetzung eine Änderung grundlegender EU-Verträge erfordern, was angesichts des dabei erfor-
derlichen Einstimmigkeitsprinzips vollkommen unrealistisch
ist. Sie würde also nur durch den Austritt Deutschlands aus
der EU oder ihre Auflösung erreicht werden können.

> *PF3: „Das Schengener Abkommen bedarf … einer umfassen-*
> *den Reform, damit die souveränen Nationalstaaten durch*
> *effizienten Grenzschutz die eigene innere Sicherheit wieder*
> *gewährleisten können. Dazu gehört auch eine konsequente*
> *Zurückweisung von sogenannten Wirtschaftsflüchtlingen an*
> *den Schengen-Außengrenzen durch eine entsprechend aus-*
> *gerüstete und gemeinsam finanzierte Frontex-Einheit. Die*
> *AfD strebt im Ergebnis einen dualen Grenzschutz an. Das*
> *heißt, dass die Außengrenzen des Schengenraums … gemein-*
> *schaftlich von der Staatengemeinschaft geschützt werden, die*
> *einzelnen Mitgliedstaaten aber auch zusätzlich in Eigenregie*
> *Grenzkontrollen durchführen und andere verhältnismäßige*
> *Maßnahmen zur rechtsstaatlichen Abwehr illegaler Migration*
> *an ihren eigenen Staatsgrenzen treffen dürfen." (S. 15)*

Antwort PF3: Die europäischen Regeln sehen bereits jetzt die zeitlich begrenzte Aussetzung des Schengen-Abkommens an einzelnen Grenzen vor. Davon abgesehen ist die Formulierung dieser Forderung sehr vage, da nicht gesagt wird, was genau unter „umfassend" und unter „anderen verhältnismäßigen Maßnahmen zur rechtsstaatlichen Abwehr illegaler Migration" zu verstehen ist. Eine Zurückweisung von Flüchtlingen durch die FRONTEX würde eine (weitere) Ausweitung ihres Mandats und (weitere) gravierende Personalaufstockungen und damit grundlegende Änderungen erfordern. Da fraglich sein dürfte, dass die Übertragung von nationalen Hoheitsrechten auf FRONTEX dazu gehören würde – denn das würde die AfD-Forderung bedeuten – und dazu eine Änderung der Rechtsgrundlage mit qualifizierter Mehrheit erforderlich wäre, scheint es sehr unwahrscheinlich, dass diese Forderung Aussicht auf Erfolg haben würde.

Bewertung PF3: formal **vereinbar**

PF4: „Um dieser Gefahrensituation [durch Gefährder] nachhaltig begegnen zu können, fordern wir neben der Bekämpfung von Parallelgesellschaften eine möglichst enge Zusammenarbeit europäischer Sicherheitsbehörden". (S. 16)

Antwort PF4: Die geforderte Zusammenarbeit ist durch europäische Behörden bereits Realität, der Rest ist eine nationale Angelegenheit.

Bewertung PF4: **erfüllt**

PF5: „Die Rolle der EU-Institutionen in der Migrationspolitik soll sich … künftig auf praktische und formelle Hilfestellungen bei der Umsetzung des Außengrenzenschutzes und bei Abschiebungen sowie auf diplomatische Verhandlungen über Rückführungsabkommen konzentrieren. Zur Finanzierung wirksamer Grenzschutzanlagen sind die Investitionen der EU spürbar zu erhöhen. … Entwicklungshilfe, die Erteilung von Visa, den Zugang zum europäischen Arbeitsmarkt sowie den Marktzugang in die EU wollen wir auf die Staaten beschränken, die ausreisepflichtige Personen zurücknehmen." (S. 17)

Antwort PF5: Diese Forderungen sind mit einer Ausnahme bereits heute erfüllt bzw. können jederzeit umgesetzt werden, wenn die Mitgliedsstaaten dies wollen. Die Ausnahme ist die Beschränkung bestimmter Maßnahmen bei Ländern, die sich weigern, ausreisepflichtige Personen zurückzunehmen. Dieser Forderung stehen im Zweifel europäische und deutsche Interessen entgegen: wenn diese Forderung bei jenen Staaten umgesetzt wird, die für die EU und Deutschland z.B. im Hinblick auf Bodenschätze, Rohstoffe, Energie oder Sicherheit von Bedeutung sind, kann sie sich als kontraproduktiv erweisen.

Bewertung PF5: teilweise **erfüllt**, teilweise **vereinbar**, teilweise **kontraproduktiv**

> *PF6: „Sobald in einem Herkunftsland in den meisten Gebieten wieder Frieden herrscht, hat die EU bzw. Deutschland umgehend die Bedingungen für eine Rückkehr der hier aufgenommenen Asylbewerber auszuhandeln und diese Rückkehr auch konsequent durchzusetzen. Schutz vor Kriegsfolgen ist nur für deren Dauer zu gewähren und darf nicht zu dauerhafter Einwanderung führen. ... Auf nationaler und europäischer Ebene müssen Remigrationsprogramme auf- und ausgebaut werden." (S. 17)*

Antwort PF6: Bei dieser Forderung ist der Begriff der „aufgenommenen Asylbewerber" entscheidend. Aufgrund dieser Formulierung sind offensichtlich alle Asylbewerber gemeint, also sowohl abgelehnte als auch anerkannte Asylbewerber (Asylberechtigte) und solche, deren Asylantrag noch läuft (also Asylbewerber im eigentlichen Sinn). Bezieht sich die Forderung also nicht nur auf abgelehnte, sondern auf alle „aufgenommenen" Asylbewerber, dann steht sie im Gegensatz zu geltendem (nationalen) Recht, von ethnischen, moralischen und sozialen Aspekten ganz abgesehen: wie jüngste Demonstrationen gezeigt haben, ist diese Forderung für viele Bürger

Deutschlands losgelöst von allen rechtlichen Problemen unerträglich und abstoßend. Anders sieht es bei (endgültig) abgelehnten Asylbewerbern aus, die noch in Deutschland leben. Wenn die EU-Staaten es wollen, können EU-Organe für diese Personen für alle Staaten Rückführungsabkommen aushandeln. Die aktuelle Situation in Deutschland zeigt aber, wie schwierig die praktische Umsetzung solcher Rückführungsabkommen ist, unabhängig davon, ob sie bilateral oder auf EU-Ebene abgeschlossen werden. Zudem ist zu bezweifeln, dass die Rückführung dieser Personen im Interesse des Aufnahmelandes ist, wenn sie mittlerweile bereits bis zu einem gewissen Grad integriert sind.

Bewertung PF6: **irrelevant** bzw. **kontraproduktiv**

PF7: „Bis zur Wiederherstellung der deutschen Souveränität über unsere Grenzen ist daher eine Notifizierung der deutschen Binnengrenze bei der EU-Kommission erforderlich." (S. 17)

Antwort PF7: Die Forderung nach einer „Notifizierung der deutschen Binnengrenzen" – gemeint ist vermutlich eine Information der EU über in diesem Fall eine nationale Rechtsvorschrift im Zusammenhang mit den deutschen Grenzen – entspricht, wenn auch ziemlich verklauselt formuliert, die De-Facto- Abschaffung der Reisefreiheit und damit einer der vier Grundfreiheiten der EU. Ihre Umsetzung wäre nur durch die Änderung grundlegenden EU-Rechts möglich, was vollkommen unrealistisch ist, es sei denn, Deutschland tritt aus der EU aus oder sie löst sich freiwillig auf. Inhaltlich hätte die Abschaffung der Reisefreiheit gravierende Auswirkungen für das Leben der Menschen und würde die aus der Sicht vieler Bürger mühsam gewonnenen Errungenschaften seit dem Schengen-Abkommen beenden. Besonders gravierend wären die Auswirkungen für die Menschen in den Grenzregionen mit den 9 Nachbarländern Deutschlands, in denen der Alltag inzwischen unabhängig von formalen Grenzen abläuft. Zudem wäre die Umsetzung dieser Forderung mit sehr hohen Kosten verbunden und zeitlich nur verzögert möglich, da letztendlich an allen grenzüberschreitenden Straßen und Bahnhöfen sowie Flughäfen Grenzkontrollpunkte eingerichtet werden müssten – ganz zu schweigen von der Frage, wie (illegale) Grenzübertritte außerhalb von Straßen, Bahnstrecken und Flughäfen verhindert werden sollen: es ist bekannt, dass sich insbesondere Schleuser sehr schnell an geänderte Regeln anpassen. Und dann bliebe noch die Frage, wo denn das dafür notwendige Personal herkommen sollte. Die Nachteile (verändertes Grenzübertrittsverhalten, Kosten, Ressourcen, Verfügbarkeit) überwiegen eventuelle Vorteile bei weitem, losgelöst von grundlegenden Rechtsproblemen.

Bewertung PF7: **unvereinbar** und **kontraproduktiv**

> *PF8: „Wir fordern, dass die Armutszuwanderung in die nationalen Sozialsysteme auch auf EU-Ebene konsequenter als bisher unterbunden wird. Vor diesem Hintergrund sind die Kriterien der EU-Arbeitnehmerfreizügigkeit zu verschärfen. … Daneben muss allen EU-Ländern die Möglichkeit eröffnet werden, den Anspruch auf steuerfinanzierte Sozialleistungen von einer mindestens zehnjährigen, durchgängig sozialversicherungspflichtigen Beschäftigung ohne staatliche Zuschüsse abhängig zu machen." (S. 17, analog S. 25)*

Antwort PF8: Unabhängig davon, wie bedeutend Armutszuwanderung in Wirklichkeit ist, diese Forderung rüttelt an einer der vier Grundfreiheiten des EU-Binnenmarkts und damit den Grundfesten der EU. Eine Umsetzung dieser Forderung würde die Änderung grundlegender EU-Verträge erfordern, was nur einstimmig möglich ist, beziehungsweise nur durch den Austritt Deutschlands aus der EU oder die Selbstauflösung der EU (siehe auch PF19).

Bewertung PF8: **unvereinbar**

> PF9: *„Deutschland muss zurück zu einer sozialen Marktwirtschaft – und darum die Transferunion des Euro-Systems aufkündigen. … Der AfD ist bewusst, dass die Wiedereinführung einer stabilen nationalen Währung nicht ohne Umstellungsbelastungen erfolgen kann. Diese werden jedoch niedriger sein als die dauerhaften Kosten des weiteren Verbleibs im Eurosystem.“ (S. 20)*

Antwort PF9: Die Abschaffung des Euro ist eines der Schwerpunktthemen der AfD seit ihrer Gründung, immer wieder verbunden mit den Argumenten einer „Transferunion des Euro-Systems“ und den hohen Kosten eines „Verbleibs im Eurosystem“, ohne hierfür allerdings darzulegen, was sie darunter versteht (Transferunion) bzw. wie sie zu dem Urteil kommt (Kosten). Bei der geforderten Wiedereinführung einer nationalen Währung, die (vor allem zu Beginn) keineswegs stabil sein muss, sind neben den erwähnten (durchaus hohen) Umstellungskosten weitere dauerhafte Aspekte zu berücksichtigen: in der jüngeren Vergangenheit sind die nationalen Währungen selbst großer Volkswirtschaften das Ziel von Währungsspekulationen geworden (Ausnahmen: US-Dollar und Euro), wodurch die Stabilität dieser Währungen gefährdet wurde, deutsche Exportunternehmen – und die deutsche Wirtschaft ist nun einmal stark exportorientiert – würden einen wichtigen Stabilitätsfaktor für ihre Auslandsgeschäfte verlieren und Reisende würden wieder unter Wechselkursschwankungen bei Reisen in die derzeitigen Euro-Länder leiden. Insgesamt übertreffen die Nachteile der Wiedereinführung einer nationalen Währung deren (erwartete) Vorteile (bei weitem) – von den zu erwartenden gravierenden Auswirkungen auf das (internationale) Finanzsystem ganz zu schweigen, die auch Deutschland nachhaltig beeinflussen würden.

Bewertung PF9: **kontraproduktiv**

> PF10: „*Alle Maßnahmen der EZB zur Manipulation des freien Kapitalmarkts müssen eingestellt werden. Die AfD fordert die Durchsetzung der vertraglichen Verbote der Staatsfinanzierung durch die EZB und der faktischen Vergemeinschaftung von Schulden über die EZB. Die EZB hat ein Mandat nur für Geldpolitik – und keine Befugnisse für wirtschaftspolitische Programme zur Unterstützung einzelner Staaten und ideologischer Politikziele.*“ (S. 20)

Antwort PF10: Diese Forderung bezieht sich auf die Europäische Zentralbank (EZB), eine europäische Institution, die im nächsten Juni überhaupt nicht zur Wahl steht. Insofern ist diese Forderung für die Europawahl irrelevant. Inhaltlich erweckt die Formulierung der Forderung den Eindruck, als ob die EZB „den freien Kapitalmarkt manipuliert“ – es ist nicht klar, was damit gemeint ist – und sich nicht an geltendes Recht halten würde.

In der Vergangenheit wurden bereits mehrfach Vorwürfe dieser Art von den zuständigen (nationalen) Gerichten wie auch dem Europäischen Gerichtshof geprüft und für nicht zutreffend erachtet: die Vorwürfe sind also nach derzeit geltendem Recht unbegründet. Noch eine Bemerkung zur „Unterstützung einzelner Staaten": viele Menschen sehen die EU durchaus auch als Solidargemeinschaft, bei der es nicht nur darum geht, dass jeder Staat nur das unterstützt, was ihm selbst hilft.

Bewertung PF10: **irrelevant**

PF11: „Die AfD fordert eine Rückkehr zum Konzept einer offenen Marktwirtschaft und die sofortige Einstellung jeglicher Kreditaufnahme der EU: Keine vertragswidrige Vergemeinschaftung der Schulden, keine ideologische und zentralistische Geld- oder Wirtschaftspolitik, Rückkehr zu einer Kapitalallokation über funktionierende Märkte. Verschuldung und Steuererhebung darf es generell nur auf nationaler Ebene im Sinne des Subsidiaritätsprinzips geben! ... Solange der Euro jedoch zu Lasten Deutschlands fortbesteht, sollte auch Deutschland einen großen Teil seiner Neuverschuldung über EZB und EU abwickeln. Die Mittel sind strikt für Hilfen und Investitionen in Deutschland einzusetzen." (S. 20 – 21)

Antwort PF11: Abgesehen vom offensichtlichen Widerspruch der Forderungen, einerseits auf EU-Ebene keine Schulden aufzunehmen, aber andererseits dies doch für deutsche Zwecke zu tun, solange der Euro existiert, erweckt diese Forderung den Eindruck, als ob auf EU-Ebene (permanent bzw. wiederholt) Schulden gemacht würden. Das stimmt nicht. Schulden sind bisher nur einmal von der EU gemacht worden – und dieser

Fall wurde deutlich als Ausnahmefall begründet, weswegen auch die zuständigen Gerichte diesen einen Fall nicht beanstandet haben.

Bewertung PF11: **widersprüchlich**

Antwort PF12: Es gibt derzeit weltweit eine lebhafte Debatte für und wider von (physischem) Bargeld (zur Klarstellung; auch der digitale Euro ist Bargeld, aber eben nicht-physisches Bargeld; die Forderung bezieht sich offensichtlich auf physisches Bargeld). Tatsache ist, dass (physisches) Bargeld auch in Deutschland in der Praxis eine immer geringere Bedeutung spielt, was aber nicht bedeutet, dass es überflüssig geworden wäre. In Deutschland gibt es mittlerweile ein Gesetz, wonach keine Zahlungen über 10.000 € mehr mit Bargeld, Edelmetallen oder Kryptowährungen geleistet werden dürfen, was vor allem mit der Gefahr von Geldwäsche begründet wird. Aber das ist eine nationale Entscheidung und hat mit der Europawahl nichts zu tun.

Bewertung PF12: **irrelevant**

PF13: „Wir verlangen, dass die deutschen Banken Haftungen auf die nationale Ebene begrenzen und auch weiterhin eigene Haftungs- und Einlagensicherungs-Verbundlösungen schaffen können. Wir treten dafür ein, die nationale Souveränität über die Banken- und Finanzdienstleistungen wiederherzustellen. Die AfD wendet sich gegen die europäische Vergemeinschaftung von Haftungsrisiken." (S. 21)

Antwort PF13: Diese Forderung zielt auf die Europäische Bankenunion, in der (derzeit) die Bankenaufsicht von Großbanken durch die EZB und die Abwicklung illiquider Großbanken geregelt ist. Seit der Gründung der Bankenunion 2014 wurden verschiedene Maßnahmen wie eine Mindestkapitalausstattung von Banken auf den Weg gebracht, um das Risiko von Pleiten großer Banken zu verringern. Als drittes mögliches Element der Bankenunion wurde und wird auch über eine gemeinsame europäische Einlagensicherung diskutiert, ohne bisher allerdings zu einer Einigung gelangt zu sein. Aktuell gibt es lediglich gemeinsame Regeln für nationale Einlagensicherungssysteme. Die Forderung der AfD, auf die Vergemeinschaftung von Haftungsrisiken zu verzichten, ist also relevant. Derzeit stellen sich mehrere Mitgliedsstaaten, darunter auch Deutschland, gegen die Vergemeinschaftung von Haftungsrisiken.

Bewertung PF13: **vereinbar**

PF14: „Die AfD fordert von Bundesregierung und Deutscher Bundesbank, die bislang geduldete Überbeanspruchung des Verrechnungskontos TARGET2 zu beenden. Diese Forderungen der Bundesbank sind abzuschmelzen, täglich auszugleichen,

Antwort PF14: Bei dieser Forderung geht es um einen sehr technischen Aspekt der Zahlungen zwischen den Zentralbanken der Eurozone über die Europäischen Zentralbank – und man kann durchaus die Frage stellen, ob so eine technische Forderung überhaupt Aufnahme in ein ansonsten sehr allgemein und häufig vage gehaltenes Wahlprogramm finden sollte. Inhaltlich geht es um den täglichen Ausgleich von Zahlungen zwischen den Zentralbanken der Eurozone, die über die Europäische Zentralbank abgewickelt werden. Dabei können Defizite entstehen. Es ist wissenschaftlich umstritten, ob diese Verbindlichkeiten im Fall der Auflösung der Währungsunion – und nur in diesem Fall wären sie relevant – ein Risiko darstellen. Aber unabhängig von der Antwort auf diese Frage ist sie für die Europawahl irrelevant, weil die EZB im Juni überhaupt nicht zur Wahl steht.

Bewertung PF14: **irrelevant**

Antwort PF15: Die Forderung, die noch etwa 50 % im Ausland
gelagerten deutschen Goldreserven nach Deutschland zurück-
zuholen, ist eine rein nationale Angelegenheit. Die zusätzliche Forderung nach „einem freien Währungswettbewerb",
also flexiblen Wechselkursen, ist nur durch einen Austritt
Deutschlands aus der Eurozone möglich und steht damit im
Widerspruch zu derzeit gültigen EU-Verträgen. Das Prinzip
goldgedeckter Währungen hat sich im Übrigen bereits nach
dem zweiten Weltkrieg als nicht mehr praktikabel erwiesen
und ist für eine Geldpolitik von heute nicht adäquat.

Bewertung PF15: **irrelevant** bzw. **unvereinbar**

Antwort PF16: Grundsätzlich ist gegen die regelmäßige Über-
prüfung von geltenden Rechtsvorschriften nichts einzuwenden. Es obliegt den zuständigen Gerichten zu entscheiden, ob
bei die EU den genannten Beispielen ihre Kompetenzen über-
schreitet oder nicht. Solange dies nicht der Fall ist, gilt nun

einmal, dass europäisches (davon divergierendes) nationales Recht dominiert.

Bewertung PF16: **vereinbar**

> PF17: *„Die Gleichwertigkeit von im Ausland erworbenen beruflichen Qualifikationen muss durch Ablegen einer Prüfung am Arbeitsort nach den dort geltenden nationalen Standards nachgewiesen werden." (S. 24)*

Antwort PF17: Bei der Analyse dieser Forderung ist zunächst zwischen EU- und Nicht-EU-Bürgern zu unterscheiden. Bei EU-Bürgern sind die Dauer der geplanten Ausübung der beruflichen Tätigkeit, aber auch andere Aspekte nach derzeit geltendem Recht entscheidend. Grundsätzlich hat jeder Mitgliedsstaat, also auch Deutschland, das Recht, den Zugang und die Ausübung eines Berufs von bestimmten Qualifikationen abhängig zu machen. Dabei ist zwischen sogenannten reglementierten und allen anderen Berufen zu unterscheiden. Für reglementierte Berufe gibt es EU-einheitliche Vorschriften für die gegenseitige Anerkennung von Berufsqualifikationen. Die Forderung nach (zusätzlichen) Prüfungen verstößt bei diesen Berufen also gegen geltendes EU-Recht. Bei allen anderen Berufen – das ist die große Mehrheit der Berufe – können sich Interessierte im Rahmen der EU-Niederlassungsfreiheit, einer der Säulen der EU, ihre Qualifikationen in einem bestimmten Verfahren anerkennen lassen, ohne dass es dazu aber einen Rechtsanspruch auf Anerkennung gibt. Nur: würde Deutschland hier (zusätzliche) Prüfungen einfordern, ergäben sich für Deutschland die gleichen Nachteile wie im Fall der Bewerbung von Nicht-EU-Bürgern. Zwar gäbe es in diesem Fall keine rechtlichen Hindernisse, allerdings stünde die Forderung dann im Widerspruch zu den Interessen Deutschlands: wenn Deutschland derartige (Zusatz-) Prüfungen verlangen würde und andere Länder im Zweifel auf solche Prüfungen verzichten würden, dann würden auswanderungswillige Arbeitskräfte grundsätzlich eher in andere Länder als Deutschland auswandern – von einer eher ausländerfeindlichen Stimmung in Deutschland dann ganz abgesehen, die diese Arbeitskräfte zusätzlich von einem Aufenthalt in Deutschland abhalten würde.

Bewertung PF17: **unvereinbar** und **kontraproduktiv**

PF18: „Ausländische EU-Arbeitnehmer sind in den Mitgliedstaaten, in denen sie Beschäftigung finden, genauso zu entlohnen und müssen den gleichen gesetzlichen Regelungen unterliegen wie inländische Arbeitnehmer. ... Die derzeitigen gesetzlichen Regelungen, wie beispielsweise das Entsendegesetz, sind weitgehend ausreichend. Allerdings verlangt die AfD wirkungsvolle Kontrollen zu ihrer Einhaltung, damit der Missbrauch von Leiharbeit und Werkverträgen auch tatsächlich unterbleibt. ... Lohn- und Sozialdumping wollen wir ... beenden.“ (S. 24)

Antwort PF18: Diesen Forderungen steht nichts im Wege, sie erscheinen vernünftig. Allerdings sind sie im Hinblick auf die Europawahl irrelevant: Die geforderten Kontrollen wie auch die Vermeidung von Lohn- und Sozialdumping sind eine ausschließlich nationale Angelegenheit.

Bewertung PF18: **irrelevant**

PF19: „Wir setzen uns dafür ein, dass Ausländer aus EU-Staaten erst dann Sozialleistungen in Deutschland erhalten, wenn sie zehn Jahre im Inland Steuern und Sozialversicherungsbeiträge gezahlt haben und in dieser Zeit ihren Lebensunterhalt ohne staatliche Hilfe bestritten haben." (S. 25)

Antwort PF19: Diese Forderung steht im Widerspruch zum deutschen Sozialrecht, in dem nicht zuletzt auch nach Urteilen des Europäischen Gerichtshof festgelegt ist, dass EU-Bürger frühestens nach fünf Jahren in Deutschland Sozialhilfe bekommen können, wenn sie in Deutschland nicht arbeiten, nicht selbstständig sind oder hier keinen Leistungsanspruch mit vorheriger Arbeit erworben haben. Die Verschärfung der Regeln, wie sie in der AfD-Forderung steckt, müsste daher zunächst auf nationaler Ebene erfolgen. Im Zweifelsfall würden dann höchstrichterliche Urteile auf deutscher und europäischer Ebene klären, inwieweit die einzelnen Teile der Forderung mit dem Gleichbehandlungsgrundsatz und geltendem europäischen Recht vereinbar sind. Aktuell ist diese Forderung für die Europawahl also irrelevant.

Bewertung PF19: **irrelevant**

PF20: „Anstatt ... Forderungen nach einer globalen Mindestbesteuerung zu erheben, ... halten wir es für sinnvoller, sich international darauf zu verständigen, dass die Steuerlast, die man einem Konzern auf nationaler Ebene auferlegt, vorrangig anhand des Anteils der wirtschaftlichen Aktivität des Konzerns im steuererhebenden Staat berechnet werden sollte (sog. Gesamtkonzernbesteuerung)" ... „Es muss ... bei der Ertragsbesteuerung von Unternehmen beim Betriebsstättenprinzip

Antwort PF20: Diese und weitere Forderungen der AfD im Bereich des Steuerrechts – allesamt Ablehnungen bestehender oder geplanter Regelungen auf europäischer und teilweise auch internationaler Ebene – sind unter Experten mehr oder weniger umstritten. Im Hinblick auf die Europawahl sind sie aber de facto irrelevant, denn das Steuerrecht ist einer der wenigen Bereiche, bei dem bei Abstimmungen auf EU-Ebene Einstimmigkeit erforderlich ist, d.h. ganz egal, was auch immer vorgeschlagen wird, jeder Vorschlag kann bereits durch die Ablehnung eines einzigen Mitgliedsstaats, also auch Deutschlands, abgelehnt werden. Letztendlich geht es also nicht um die EU-Vorschläge im Bereich des Steuerrechts, sondern um die Position jedes einzelnen Mitgliedsstaats, was es letztendlich zu einer rein nationalen Angelegenheit macht, auch wenn die Diskussionen auf internationaler, insbesondere auch OECD-Ebene, stattfinden.

Bewertung PF20: **irrelevant**

Antwort PF21: Diese Forderung der AfD zielt auf die Vorschriften des EU-Vergaberechts für öffentliche Aufträge. das regelmäßig nach Verhandlungen zwischen dem Rat und dem Parlament den jeweiligen Bedürfnissen angepasst wird. Insofern gibt es kein formales Hindernis für eine Änderung des Vergaberechts, einschließlich der Schwellenwerte. Allerdings ist zu bezweifeln, dass sich eine Mehrheit für den Vorzug von regionalen und nationalen Anbietern finden lässt, nicht zuletzt deshalb, weil dies den Prinzipien des europäischen Binnenmarkts widersprechen würde. Zudem ist die Aussage, dass dabei STETS der günstigste Anbieter den Zuschlag erhalten muss, falsch.

Bewertung PF21: formal **vereinbar**

> *PF22: „Die AfD lehnt eine Ausweitung des EU-Haushaltes ab und fordert stattdessen eine deutliche Verringerung der EU-Ausgaben. ... Zahlreiche milliardenschwere EU-Programme dienen dazu, EU-Gelder breit und öffentlichkeitswirksam zu verteilen, ohne dass sie messbare Impulse für den Wohlstand lokaler Bevölkerungsgruppen gebracht hätten. ... Zur Ausgabenreduzierung der EU-Verwaltung ist der kosten- und zeitintensive Pendelverkehr zwischen den drei Arbeitsorten Straßburg, Brüssel und Luxemburg zu beenden." (S. 27 – 28)*

Antwort PF22: Die Forderung nach einer Verringerung der EU-Ausgaben steht im Einklang mit der einer Verkleinerung „des administrativen Apparats" (siehe unten AF1). Die AfD nennt den Europäische Fonds für regionale Entwicklung (EFRE) und den Kohäsionsfond (S. 27) als konkrete Beispiele für Ausgaben, die keine „messbare[n] Impulse für den Wohlstand lokaler

Bevölkerungsgruppen gebracht hätten." Dieses Urteil ist angesichts der vielen, von der EU geförderten regionalen Projekte und insbesondere der Förderung in den damals neuen Bundesländern nach der deutschen Wiedervereinigung höchst verwunderlich bzw. schlichtweg falsch. Dagegen sind die erhöhten Ausgaben durch die Aufteilung der Verwaltungen auf 3 Standorte ein allseits anerkanntes Problem, dessen Lösung aber bisher an den Regierungen von Frankreich und Luxemburg gescheitert ist, da auch in diesem Fall Einstimmigkeit notwendig ist.

Bewertung PF22: **widersprüchlich** bzw. **vereinbar** (Verwaltungsstandorte)

PF23: „Die BNE-Eigenmittel [BNE = Bruttonationaleinkommen] ... stellen den größten Anteil der EU-Einnahmen von derzeit rund 70 % dar. Deutschland verfügt zwar über ein hohes Bruttonationaleinkommen, jedoch sind die Vermögen in Deutschland relativ zu anderen Staaten ungleich verteilt. ... Bemessungsgrundlage der Mitgliedstaaten soll daher in Zukunft nicht mehr das Bruttonationaleinkommen ... sein, sondern das Volkseinkommen. Während das BNE eine Rechengröße ist, die an die volkswirtschaftlichen Bruttoerlöse anknüpft, bildet das Volkseinkommen den jährlichen Wirtschaftsertrag einer Volkswirtschaft ab, der Bürgern und Unternehmen zufließt. In hochinvestierten Volkswirtschaften wie Deutschland ist die Differenz zwischen BNE und Volkseinkommen sehr hoch. ... „ (S. 28)

Antwort PF23: Hier herrscht ein begrifflicher und inhaltlicher Wirrwarr. Bruttonationaleinkommen und Volkseinkommen sind Begriffe aus den sogenannten „Volkswirtschaftlichen Gesamtrechnungen", einem Zahlenwerk, das die Erzielung, Verteilung und Verwendung der Einkommen eines Landes in einem Jahr misst und in Deutschland vom Statistischen Bundesamt erstellt wird. Der Unterschied zwischen dem (aktuell zur Berechnung der EU-Einnahmen verwendeten) Bruttonationaleinkommen und dem Volksvermögen sind gesamtwirtschaftliche Abschreibungen sowie Gütersteuern und -subventionen. Dieses Volksvermögen hat aber NICHTS mit dem (umgangssprachlichen) Begriff des Vermögens zu tun, der sich auf den Gesamtwert des Besitzes der Bürger eines Landes bezieht. Diese Forderung muss daher im Hinblick auf die Begriffe erst einmal klargestellt werden. Danach ist zu entscheiden, ob sich die Berechnungen auf das jährlich erzielte Einkommen, das Volkseinkommen oder den Vermögensbestand beziehen soll: Die erste Größe ist das aktuelle wirtschaftliche Ergebnis eines Landes, die zweite Größe die Wirtschaftsleistung abzüglich Gütersteuern und -subventionen und die dritte Größe die im Lauf der Jahrzehnte angehäuften Vermögenswerte. Änderungen der Bezugsgröße sind auf EU-Ebene theoretisch möglich, erscheinen aber unrealistisch, da sie einstimmig getroffen werden müssen.

Bewertung PF23: **widersprüchlich** bzw. **unvereinbar**

Dies gilt auch für die Einmischung der EU in die Angelegenheiten der Mitgliedstaaten. ...

Eine rechtlich formalisierte gemeinsame Außen- und Sicherheitspolitik der EU (GASP) lehnen wir ebenso ab wie einen gemeinsamen Europäischen Auswärtigen Dienst. Stattdessen setzen wir uns dafür ein, die zwischenstaatliche Abstimmung unter den europäischen Partnerländern zu intensivieren und, wo möglich, gemeinschaftlich zu agieren. ...

Wir wollen eine Partnerschaft mit den USA „auf Augenhöhe". ... Deutschland darf sich nicht durch weichenstellende Entscheidungen der USA gegenüber anderen Mächten in Konflikte hineinziehen lassen. Die Außen- und Sicherheitspolitik der USA zwingt Deutschland dazu, seine Interessen eigenständig zu formulieren. Dies sollte in möglichst enger Abstimmung mit anderen europäischen Staaten erfolgen.

.... Aus der geostrategischen Lage Russlands ... ergibt sich die Notwendigkeit, mit diplomatischen Mitteln auf eine Beendigung des Krieges [mit der Ukraine] hinzuwirken und so auch für friedliche deutsch-russische Beziehungen zu sorgen. ... Zur Wiederherstellung des ungestörten Handels mit Russland gehören die sofortige Aufhebung der Wirtschaftssanktionen gegen Russland .... Die Beziehungen Deutschlands zur Eurasischen Wirtschaftsunion sollen ausgebaut werden.

Das Verhältnis zu China muss sich an den realpolitischen Interessen Deutschlands orientieren. ... Um auf gleichberechtigter Grundlage mitgestalten zu können, setzt sich die AfD für eine offensive Beteiligung Deutschlands [an der Seidenstraße] ein.

Antwort PF24: Die Forderungen der AfD im Bereich der Außenpolitik sind zunächst eine Wiederholung früherer Forderungen des Wahlprogramms: Beschränkung der Rolle der EU einschließlich der Abschaffung des gemeinsamen europäischen Außendiensts und der gemeinsamen Außen- und Sicherheitspolitik, stattdessen Einführung bilateraler Koordinationen mit anderen Ländern je nach Fragestellung, was sich in der Praxis als sehr schwierig erweisen dürfte und gegen grundlegende EU-Verträge verstößt. Sie enthalten aber auch Widersprüche und unrealistische Vorschläge für die Weiterentwicklung der Außenpolitik auf europäischer Ebene:

- Die OSZE hat sich gerade in den aktuellen Krisen als vollständig handlungsunfähig erwiesen; es ist nicht erkennbar, wie deren Rolle zur Stabilisierung in Krisensituationen im Sinne von Konfliktlösungen „weiterentwickelt" werden kann;

- Das Verhältnis zu den USA wird von der AfD in der heutigen multipolaren Welt mit den „Polen" USA, EU, Russland und

China kritisch gesehen. Die AfD fordert in diesem Zusammenhang eine Außenpolitik mit größerer Distanz zu den USA. Entsprechende Hinweise zu zukünftigen Beziehungen zu autokratischen Regimen wie Russland und China, die wie die USA auch eigene Interessen verfolgen, die nicht unbedingt im Einklang mit denen Deutschlands und Europas stehen, fehlen hingegen vollständig;

- Die finanziellen Heranführungshilfen für die Türkei sind ein wichtiges Element, um Migrationsbewegungen einzuschränken; es ist widersprüchlich, sie abschaffen zu wollen, wenn doch die Wanderbewegungen reduziert werden sollen. Hingegen ist die Forderung nach einem Abbruch der Beitrittsverhandlungen mit der Türkei relevant, auch wenn diese Forderung angesichts der Tatsache, dass dies Verhandlungen bereits auf Eis liegen, in der Realität ohne Auswirkungen ist. Es bliebe aber zu untersuchen, ob im Fall des (formalen) Abbruchs auch die Heranführungshilfen in Gefahr gerieten.

Bewertung PF24: **unvereinbar, kontraproduktiv** und **widersprüchlich**

PF25: „Die Zukunft der europäischen Sicherheit liegt in der Bündelung der militärischen Fähigkeiten der Staaten in einem eigenen System kollektiver Sicherheit. Die europäischen Nationalstaaten sollen von dem Willen geleitet sein, ihre Streitkräfte in einer Verteidigungsgemeinschaft zusammenzufassen. Deutschland und seine europäischen Nachbarländer dürfen sich nicht mehr ausschließlich auf den Schutz oder die Zusagen außereuropäischer Länder verlassen, sondern müssen … weitgehende militärische und strategische Autonomie erreichen. …

Wir begrüßen eine sinnvolle Zusammenarbeit auf europäischer Ebene bei Befähigung, Beschaffung und Entwicklung militärischer Fähigkeiten. …

Nach jetzigem Stand ist die Bundeswehr weder zahlenmäßig noch ausrüstungstechnisch zur Verteidigung des Bundesgebietes in der Lage. Die Verteidigungsfähigkeit Deutschlands muss unverzüglich wiederhergestellt werden. … Die größte Herausforderung sehen wir hierbei in der Aufstockung des Personals … sowie der Beschaffung und Einführung von neuen Waffensystemen im entsprechenden Umfang. … Neubeschaffungen von Wehrmaterial sollten vorrangig aus deutscher und europäischer Produktion stammen.“ (S. 30 – 31)

Antwort PF25: Die Forderungen der AfD im Bereich der Verteidigungs- und Sicherheitspolitik beziehen sich weitestgehend auf nationale Aspekte. Ausnahmen sind die vage Formulierung nach einer europäischen „Verteidigungsgemeinschaft“. Gleichzeitig wird eine „europäische Armee“ abgelehnt. Dies ist aber ein Widerspruch; Anhaltspunkte, wie das zusammenpassen soll, fehlen vollständig. Einen europäischen Aspekt gibt es lediglich bei der Forderung, zukünftiges Wehrmaterial nicht nur aus deutscher, sondern (auch) aus europäischer Produktion anzuschaffen.

Bewertung PF25: (weitgehend) **irrelevant**

PF26: „[Es] soll ... auch zukünftig eine eng abgestimmte europäische Außenhandelspolitik geben. Wir befürworten ... eine verstärkte Zusammenarbeit beispielsweise mit den BRICS-Staaten oder regionalen Organisationen wie ASEAN und Mercosur. ... Die bestehenden Sanktionen gegen Russland und Syrien wollen wir aufheben, etwaige Sanktionen gegen China lehnen wir ab. Gegen Handelsbeschränkungen von Drittstaaten sind angemessene Maßnahmen zu ergreifen und der Schutz geistigen Eigentums sowie die Gleichbehandlung von Unternehmen zu sichern. ...“ (S. 31)

Antwort PF26: Die Außenhandelspolitik ist eine der Kernaufgaben der EU. Eine Forderung nach einer „eng abgestimmten europäischen Außenhandelspolitik“ kann daher nur als Ablösung der Außenhandelspolitik der EU durch bilaterale Außenhandelsabkommen einzelner europäischer Staaten idealerweise in Abstimmung mit anderen Staaten interpretiert werden. Dies steht aber im Gegensatz zu grundlegenden Verträgen der EU und könnte realistischerweise nur durch einen Austritt Deutschlands aus der EU oder eine Selbstauflösung der EU erreicht werden. Zudem dürfte sich die praktische Umsetzung der Forderung nach solchen Abkommen in Abstimmung mit anderen europäischen Staaten als sehr schwierig erweisen (siehe hierzu auch IF7).

Die Verhängung von Sanktionen gegen andere Staaten basieren auf europäischen Entscheidungen und betreffen damit ein für die Europawahl 2024 relevantes Thema.

Die Forderung nach dem Schutz geistigen Eigentums und der Gleichbehandlung von Unternehmen steht im Gegensatz zu

den positiven Aussagen der AfD zu China (siehe PF24), denn
es ist gerade dieses Land, das diese Forderung in der Realität
permanent verletzt.

Bewertung PF26: weitgehend **unvereinbar** und **widersprüchlich**

> *PF27: „Die AfD fordert, dass die Entwicklungspolitik wieder
> ganz auf die nationale Ebene verlagert wird. ... Die Gewäh-
> rung von Entwicklungshilfe ist u.a. an die Bereitschaft zur
> Rücknahme ausreisepflichtiger Migranten zu knüpfen. ...
> Staaten, die selbst Entwicklungshilfe gewähren, soll keine
> Entwicklungshilfe mehr zufließen." (S. 32)*

Antwort PF27: Europäische Entwicklungspolitik ist Teil der
europäischen Außenpolitik und kann daher ohne Änderung
grundlegender europäischer Verträge nicht wieder vollständig
auf die nationale Ebene zurückverlegt werden, es sei denn,
Deutschland tritt aus der EU aus oder die EU löst sich selbst
auf: nach geltendem Recht gibt es sowohl nationale als auch
europäische Entwicklungspolitik. Die Verknüpfung von Entwicklungspolitik mit der Rücknahme ausreisepflichtiger Migranten kann im Gegensatz zu deutschen und europäischen
Interessen stehen (siehe PF5). Die letzte Forderung, wonach
Staaten, die selbst Entwicklungshilfe gewähren, keine Entwicklungshilfe mehr geleistet werden soll, müsste auf neue
Entwicklungshilfeabkommen beschränkt werden, da sonst
gegen gültige völkerrechtliche Verträge verstoßen würde – es
sei denn, beide Vertragsparteien bestehender Verträge einigen
sich auf eine vorzeitige Beendigung der Gültigkeit dieser Verträge (aber warum sollten Empfängerländer dies tun?).

Bewertung PF27: größtenteils **unvereinbar** und **kontraproduktiv**

*... Die wachsende Bedeutung der Ost-West-Verbindungen in
Deutschland für das europäische Verkehrsnetz ist auch von
der Europäischen Union anzuerkennen und entsprechend zu
fördern. Insbesondere die schon über viele Jahre bestehenden
Lücken im Autobahnnetz sind schnellstmöglich zu schließen.
Viele Autobahnen und Brücken in Deutschland müssen seit
langem dringend saniert und instand gesetzt werden. ... Zudem fordert die AfD eine ausreichende Anzahl an Lkw-Park-
plätzen sowie die konsequente Anwendung bestehender Lkw-
Überholverbote zum Schutz aller Verkehrsteilnehmer.*

*Das Konzept der „Rollenden Landstraße" und des Wechsel-
brückenumschlages soll für die Transitverbindungen durch
Deutschland mit regelmäßigen Taktungen etabliert werden.
Das Netz von Verladestellen und multimodalen Güterver-
kehrszentren (Straße, Schiene und Wasserwege) ist daher
zu verdichten. Die Deutsche Bahn ist hierbei zu ertüchtigen,
damit sie diese Aufgabe bewältigen kann. Um Straße und
Schiene grenzüberschreitend zu entlasten, fordern wir, die na-
türlichen Ressourcen des Wassers effizienter zu nutzen sowie
marode Schleusen und Wehre flächendeckend zu sanieren.*

*Da ... die Frachterbringung von ausländischen Unternehmen
in einem Nachbarland (Kabotage) erheblich ansteigt, besteht
Handlungsbedarf. Verstärkte Kontrollen und höhere Strafen*

Antwort PF28: Die Forderungen der AfD im Bereich der Verkehrspolitik beziehen sich fast ausschließlich auf deutsche Belange: Ganz egal, ob es um den Ausbau von Fahrspuren und Parkraum, um den Lückenschluss deutscher Autobahnen, um die Sanierung von Straßen, Bahnstrecken oder Wasserwegen, um die Überwachung der Lenkzeiten von LKW-Fahrern oder um die Abschaffung der Luftverkehrssteuer geht, all das sind nationale Angelegenheiten und haben mit der EU und damit mit der Europawahl 2024 nichts zu tun. Sollte es entsprechende Programme auf europäischer Ebene geben, dann liegt es an der jeweiligen Bundesregierung, sich für die deutschen Belange in diesem Bereich einzusetzen bzw. solche Programme anzustoßen.

Anders sieht es bei den AfD-Forderungen im Zusammenhang mit CO2-Reduktionszielen und Elektromobilität aus. Das sind Bereiche, in denen die EU Kompetenzen hat und gerade im letzten Jahrzehnt weitgehende Maßnahmen ergriffen hat. Insofern sind die Forderungen relevant für die Europawahl. Allerdings berühren diese Forderungen die Grundsatz- und letztendlich Glaubensfrage, ob es den (menschengemachten) Klimawandel gibt und ob gegebenenfalls dagegen überhaupt etwas unternommen werden kann: wer diese Fragen aufgrund vorliegender Erkenntnisse, die von einer breiten Mehrheit der deutschen Bevölkerung als seriös und wichtig eingestuft werden, im Gegensatz zur offiziellen Meinung der AfD bejaht, wird diesen Forderungen anders gegenüberstehen als im umgekehrten Fall.

Bewertung PF28: mehrheitlich **irrelevant**

PF29: „Obwohl die EU keine eigenständige Gesetzgebungskompetenz für die Bereiche Bauen und Wohnen besitzt, versucht sie, auch auf diesem Feld politischen Einfluss zu nehmen. Dies geschieht über die EU-Energiepolitik. ...

Die europäische Kreditrichtlinie für Wohnimmobilien verhindert vielfach die erforderliche Kreditfinanzierung für junge Familien, Selbständige und ältere Mitbürger. Deshalb fordert die AfD die ersatzlose Aufhebung der europäischen Wohnimmobilienkreditrichtlinie. ...

Die Migrationspolitik der EU trägt maßgeblich dazu bei, dass auch in Deutschland der Wohnungsmarkt überlastet ist, die Mieten steigen und Einheimische verdrängt werden. Diese Politik muss umgehend beendet werden. ...

Antwort PF29: Die EU hat keine direkten Kompetenzen im Bereich „Bauen und Wohnen". Allerdings spielen auch in diesen Bereich andere Politiken hinein, die sehr wohl Einfluss auf Bauen und Wohnen in den Mitgliedstaaten haben. Dazu zählen u.a. die Energiepolitik und die Migrationspolitik.

Die Kritik an der Wohnimmobilienkreditrichtlinie ist berechtigt, was auch auf politischer Ebene anerkannt ist. Sollten die mittlerweile vorgenommenen Verbesserungen nicht ausreichend sein, können weitere Anstrengungen auf europäischer Ebene vorgenommen werden, um Hindernisse für die Finanzierung von Wohneigentum ausgewählter Bevölkerungsgruppen zu verringern, ohne das eigentliche Ziel dieser Richtlinie aus den Augen zu verlieren.

Die Forderung nach einer strategischen Gasreserve ist irreführend: es gibt eine europäische Gasrichtlinie, die genau das zum Ziel hat, so dass diese Forderung bereits erfüllt ist.

Anders ist es bei der Quelle des Gases: Ob man zur Befüllung der Gasspeicher die Nord-Stream-Pipeline insbesondere unter Berücksichtigung der Verlässlichkeit des Lieferanten – Russlands – nutzt oder nicht, liegt im Ermessen der Bundesregierung; eine europäische Politik hierzu gibt es nicht.

Bewertung PF29: **relevant** bzw. **erfüllt**, soweit Bezüge zu anderen europäischen Politiken bestehen, ansonsten **irrelevant**

PF30: „...[W]ir [fordern] statt zentralistischer EU-Bürokratie eine auf regionale Bedürfnisse ausgerichtete Umwelt-, Forst- und Landwirtschaftspolitik. ... Die strukturellen Rahmenbedingungen der Landwirtschaft sind so zu gestalten, dass auch kleine und mittelgroße Betriebe langfristig erfolgreich wirtschaften können. ...

Die AfD setzt sich dafür ein, die Unabhängigkeit der Landwirte zu stärken und marktwirtschaftliche Prinzipien wieder in den Vordergrund zu rücken. ... Dies kann nur mit mehr Selbständigkeit und ohne EU-Verordnungswahn – wie bei der Gemeinsamen Agrarpolitik (GAP), ... – geschehen. ...

Der Einsatz von Gentechnik sollte streng überwacht und stets auf seinen tatsächlichen Nutzen überprüft werden. ...

Wir fordern den Abbau ausufernder Bürokratie und übermäßiger Dokumentationspflichten. Die seit Jahren unter der Schirmherrschaft der EU betriebene Lobbyarbeit selbsternannter Umweltvereinigungen zugunsten der Windkraftindustrie muss schnellstmöglich beendet werden. ... Solche Windkraftanlagen können unser Energieproblem nicht lösen. ...

Wir setzen uns für eine Transportwegbeschränkung von Lebendtieren ein, die sechs Stunden nicht überschreiten darf. Zu Zwecken der Züchtung muss der Transport von Lebendtieren zu definierten Bedingungen unter strikter veterinärmedizinischer Kontrolle durch zertifizierte Unternehmen möglich sein. ...

Bereits bestehende Vorschriften [im Jagd-, Waffen- und Lebensmittelrecht] sind zu überprüfen und den Interessen von Landwirten, Wald- und Grundbesitzern sowie Jägern anzugleichen. ...

Die Auswirkungen von durch Windkraftanlagen verursachten Bodenerosionen und Windschleppen sind schnellstmöglich zu erforschen. Bis zur Feststellung dieser Auswirkungen sind weitere Genehmigungen auszusetzen. ...

[D]er Gewässerschutz [gehört] hauptsächlich in die Hände der Nationalstaaten und in Deutschland in die der Bundesländer. ...

Die AfD will die Verbraucher in die Lage versetzen, eine informierte Kaufentscheidung treffen zu können, und fordert, die asymmetrische Informationslage zwischen Verbrauchern und Unternehmern auszugleichen. Dabei wollen wir die Verbraucher weder staatlich bevormunden noch mit zu vielen Informationen verwirren. Unsere Ziele sind klar erkennbare, transparente Informationen und aufgeklärte Verbraucher. ...

Wir fordern ein effizientes Schnellwarnsystem für Futtermittel- und Lebensmittelsicherheit. Bei begründetem Verdacht

Antwort PF30: Die Agrarpolitik ist ein zentraler Politikbereich der EU. Es ist daher nur natürlich, dass sich auch die AfD diesem Bereich in ihrem Wahlprogramm für die Europawahl ausführlich widmet. Allerdings sind ihre Forderungen (auch) in diesem Bereich überlagert von grundsätzlichen Argumenten und Vorbehalten der Partei, die mit dem eigentlichen Thema nichts zu tun haben: der grundlegenden Kritik an der EU („zentralistische EU-Bürokratie", „EU-Verordnungswahn", „Abbau überbordender Bürokratie", „Lobbyarbeit unter der Schirmherrschaft der EU") und der Klimapolitik.

Inhaltlich werden wichtige und weniger wichtige Themen gleichermaßen angesprochen. Die Forderung, die europäische Agrarpolitik (auch) an den Bedürfnissen kleinerer und mittlerer Betriebe auszurichten, ist relevant und wurde auch bei der letzten Anpassung der Gemeinsamen Agrarpolitik versucht. Dass es nicht besser gelungen ist, hängt sicherlich auch an der Lobbyarbeit der Agrarverbände selbst. Allerdings ist der damit verbundene Vorschlag der AfD, stärker marktwirtschaftliche

Elemente einzubeziehen, kontraproduktiv: würde im Agrarsektor mehr auf Marktwirtschaft gesetzt, würden wegen der auf dem Weltmarkt häufig niedrigeren Agrarpreise viele Agrarbetriebe in ihrer Existenz ernsthaft gefährdet – die Gemeinsame Agrarpolitik mit ihren Subventionen – von den AfD grundsätzlich abgelehnt – ist durchaus auch ein nicht zu unterschätzender Schutzschild gegen Importe gerade auch für deutsche Agrarbetriebe und damit ein Einkommensgarant.

Bei anderen Themen wird der Eindruck erweckt, als ob dringender Handlungsbedarf besteht, weil die EU nichts tut. In Wirklichkeit ist das Gegenteil der Fall: In Bereichen wie Gentechnik, Transport von Lebendtieren, Verbraucherschutz, Futtermittel- und Lebensmittelsicherheit oder der Beimischung von Insekten in Lebensmitteln bestehen umfangreiche Regelungen, die gleichzeitig von der AfD wieder kritisiert werden. Aber natürlich spricht nichts dagegen, diese Regelungen z.B. auch im Jagd-, Waffen- und Lebensmittelrecht immer wieder auf ihren Inhalt und ihre Notwendigkeit zu überprüfen.

Und dann gibt es Forderungen, die mit der EU und damit auch mit der Europawahl nichts zu tun haben und ausschließlich nationale Belange betreffen. Hierzu gehören die Überwachung der Gentechnik, die Genehmigung von neuen Windkraftanlagen oder Grenzkontrollen von Tiertransporten, wobei bei deren Einführung natürlich überlegt werden muss, inwieweit genügend Personal an den Grenzen zur Verfügung steht, um die Transporte nicht zu sehr zu verlängern bzw. bei Lebendtransporten häufig unmöglich zu machen und damit die Versorgung zu gefährden, wie das im Vereinigten Königreich nach dem Brexit passiert ist.

Bewertung PF30: im Hinblick auf die eigentliche Agrarpolitik häufig **vereinbar**, wenn auch teilweise **kontraproduktiv**, in manchen Fällen aber auch **irrelevant**

PF31: „Eine intakte Landschaft und Natur beispielsweise mit hoher Biodiversität, wenig versiegelten Flächen, vernünftigem Gewässermanagement mit naturbelassenen Flüssen und Auen ist ... in Bezug auf verschiedenste Wetterlagen widerstandsfähiger und flexibler. Darum setzt sich die AfD für eine entsprechende Umweltpolitik ein. Dazu gehört insbesondere das Energiekonzept der AfD, welches auf Ressourcenschonung und geringen Flächenverbrauch abzielt. ...

Die AfD lässt nicht zu, dass der Mensch anhand seines CO_2-Abdrucks beurteilt wird. Wir teilen die irrationale CO_2-Hysterie nicht, die unsere Gesellschaft, Kultur und Lebensweise strukturell zerstört. Wir stehen für Freiheit, Fortschritt und Wissenschaft! Wir wollen keine EU-Grenzwerte, die Klimalobbyisten gegen die elementarsten Interessen Deutschlands durchsetzen können. Wir stehen klar für eine vernunftbasierte Grenzwertdiskussion: Maßnahmen müssen sachlich begründet, sinnvoll, bezahlbar und durchführbar sein! Die AfD stellt sich auch konsequent gegen „Greenwashing", wobei in Drittstaaten unter prekären Bedingungen Rohstoffe mit erheblicher Schädigung der Umwelt abgebaut werden.

Mit dem durch die EU beschlossenen Verbot von Verbrennungsmotoren bis zum Jahr 2035 ... verfolgt sie das Ziel, den Individualverkehr für den Großteil der Bevölkerung abzuschaffen. Die AfD steht auf der Seite der Bürger, die auf das Auto angewiesen sind oder die Freiheit des Individual-

verkehrs als zivilisatorische Errungenschaft ansehen."
(S. 39 – 41)

Antwort PF31: Es ist keine Neuigkeit, dass die AfD die von vielen Menschen in Deutschland, aber auch anderen Ländern getragene Klimapolitik ablehnt. Der oben wiedergegebene Auszug aus den Ausführungen im Wahlprogramm zur Europawahl ist nur ein kleiner Ausschnitt aus den getroffenen Aussagen, die inhaltlich und logisch teilweise nur schwer nachvollziehbar und faktisch unzutreffend sind: sie ähneln eher einem Glaubenskrieg als rationalen Überlegungen. Es ist hier nicht der richtige Platz, um die Argumente zu diskutieren oder zu analysieren, aber zwei Anmerkungen sollen trotzdem gemacht werden: es ist richtig, dass es auch früher zu Klimaschwankungen gekommen ist, aber es ist kein Fall bekannt, in dem die Temperaturen in allen Regionen der Welt gleichzeitig gestiegen sind – bisher nahmen sie in einigen Teilen zu und gleichzeitig in anderen ab, was diesmal nicht der Fall ist. Außerdem wird die Klimaentwicklung selbst in China als Problem wahrgenommen, einem Land, dem die AfD grundsätzlich eher positiv gegenübersteht. Und dann sind da ja noch die Ergebnisse der letzten Klimakonferenz in Dubai, in deren Abschlusserklärung unter anderem zu einer Verdreifachung der weltweiten Kapazitäten an erneuerbaren Energien bis 2030 aufgerufen wird.

Bewertung PF31: je nach Überzeugung **vereinbar** oder **widersprüchlich**

PF32: „... [Bei der Energieversorgung] sind einseitige Abhängigkeiten zu vermeiden. Die AfD strebt eine Neuorientierung der deutschen Energieversorgung ohne ideologische Scheuklappen an. Dabei sind weder unkonventionelle Schiefergasgewinnung noch Kernenergie oder Braunkohle auszuschließen. ... Konkret sind unsere Forderungen:

- *Abschaffung aller Klimaschutzgesetze auf nationaler und europäischer Ebene sowie Stopp der Programme „Green Deal", „Fit für 55" und anderer CO_2-Reduktionspläne der Brüsseler Bürokraten.*
- *Abschaffung des EU-Emissionshandels und kein „CO_2-Ausgleich" an den EU-Außengrenzen.*
- *Renationalisierung der Energiepolitik.*
- *Jeder Staat muss seine Versorgung mit Strom selbst sicherstellen.*
- *Streichung der Subventionen für die volatile Solar- und Windenergie.*
- *Diversifizierung der Energielieferanten (Staaten und Techniken).*
- *Aufklärung der Nord-Stream-Anschläge und Reparatur der beschädigten Leitungen.*
- *Kernenergieforschung wieder aufnehmen. ... [I]m Bereich der Kerntechnik sind hierfür europäische und internationale Forschungskooperationen anzustreben.*
- *Wiederaufnahme der Stromproduktion in den sechs seit dem Ende des Jahres 2021 außer Dienst gestellten deutschen Kernkraftwerken.*
- *Regulatorische Benachteiligung von Kernenergie aufheben ....*
- *Kohleverstromung (inkl. Braunkohle) erhalten, mindestens bis ausreichend Kernreaktoren am Netz sind." (S. 41 – 42)*

Antwort PF32: Im Bereich der Energiepolitik gibt es gemäß den europäischen Verträgen ein Nebeneinander von europäischen und nationalen Zuständigkeiten. Die europäischen Aspekte sind seit 2015 in der „Energieunion" zusammengefasst: Sie hat das Ziel einer sicheren, nachhaltigen, wettbewerbsfähigen und erschwinglichen Energieversorgung in den Mitgliedsstaaten der EU, was weit über „CO_2-Reduktionspläne der Brüsseler Bürokraten" hinausgeht. Die Energieunion regelt aber nicht alles: so hat jeder Mitgliedstaat weiterhin das Recht, die Bedingungen für die Nutzung seiner Energieressourcen, seine Wahl zwischen verschiedenen Energiequellen und die allgemeine Struktur seiner Energieversorgung zu bestimmen. Von daher beziehen sich von den 11 genannten Forderungen lediglich die ersten 3 auf die EU; die anderen 8 liegen ausschließlich in der Hand der Mitgliedsstaaten und sind von daher für die Europawahl 2024 irrelevant. Bei der Wertung europäischer Energiepolitik sollte auch nicht vergessen werden, dass die Energieunion zudem in Krisenfällen eine gegenseitige Unterstützung der Staaten vorsieht, d.h. wenn in einem Land die Energie knapp wird, dann springen andere Länder ein. Von daher wäre eine „Renationalisierung der Energiepolitik" – und damit ein Austritt aus der europäischen Energiepolitik – sogar gegen die Interessen Deutschlands.

Bewertung PF32: losgelöst von der eher ideologischen Diskussion teilweise **vereinbar**, wenn auch **kontraproduktiv**, mehrheitlich aber **irrelevant**

PF33: „Ein vorrangiges Ziel [der Digitalisierung] muss es sein, die Sicherheit der IT-Infrastruktur wiederherzustellen und unabhängiger von außereuropäischen Märkten zu werden, auch in Bezug auf die Datenhoheit. … Konkret sind unsere Forderungen:

- *Die Freiheitsrechte der Bürger dürfen durch Digitalisierung nicht eingeschränkt werden.*
- *Die EU muss von Plattformanbietern die Offenlegung und Einstellung aller Zensur-Aktivitäten einfordern.*
- *Die Freiheit der Bürger in Bezug auf Wort und Daten sichern (Recht auf Verschlüsselung und Netzneutralität).*
- *Die Regulierung der Digitalisierung muss in nationaler Hand liegen und auf EU-Ebene muss Datensparsamkeit herrschen. Wir lehnen einen „Datenkraken EU" ab.*
- *Die DSGVO, die Verordnung zum Leistungsschutzrecht und Upload-Filter sind abzuschaffen.*
- *Die Entwicklung europäischer, quelloffener Hard- und Software ist zur Stärkung der digitalen Souveränität zu fördern.*
- *…*
- *Ein Recht auf analoges Leben der Bürger: der Umgang mit Behörden und die Nutzung öffentlicher Einrichtungen müssen auch ohne digitale Identität möglich sein.*
- *…*
- *Keine digitale Erfassung sämtlicher Vermögenswerte in einem EU-Zentralregister.*
- *… [D]ie Zuständigkeit für den Datenschutz muss wieder den Nationalstaaten überantwortet werden. Die Datenschutz-Grundverordnung in der derzeitigen Form ist durch eine bürgerfreundliche nationale Regelung zu ersetzen."*
  (S. 42 – 43)

Antwort PF33: Die Digitalisierung ist derzeit eines der Schwerpunktthemen der Arbeit der EU. Die Forderungen der AfD in diesem Bereich sind teilweise sehr vage („Sicherung der Freiheitsrechte der Bürger" – darunter wird jeder etwas anderes verstehen), andererseits auch sehr konkret, ohne dabei das gesamte Spektrum der Themen der Digitalisierung abzudecken (beispielsweise fehlt das Thema „Künstliche Intelligenz" vollständig). Dabei spielt die Rückverlagerung von Kompetenzen auf die nationale Ebene wieder eine wichtige Rolle, was in diesem Bereich eher kontraproduktiv ist: internationale Konzerne wie Apple, Google, Facebook oder X (das frühere Twitter) haben gegenüber einzelnen Ländern größere Einflussmöglichkeiten als gegenüber einer ganzen Gruppe von Ländern wie der EU: die Marktmacht von 440 Millionen Menschen der EU ist nun einmal größer als die von 85 Millionen Deutschen. Auch sind einzelne Forderungen eher widersprüchlich: die Datenschutzgrundverordnung soll abgeschafft werden, später wird aber davon gesprochen, dass sie in der derzeitigen Form durch eine nationale Regelung ersetzt werden soll. Wie bei anderen Regelungen mag es auch bei europäischen Regeln im Bereich der Digitalisierung Verbesserungsbedarf geben, aber dann sind vorhandene Regeln zu verbessern anstatt sie gleich ganz abzuschaffen.

Bewertung PF33: **relevant**, wenn auch teilweise **kontraproduktiv** und **widersprüchlich**

PF34: „Gesundheitspolitik muss in nationaler Verantwortung bleiben. ... Wir fordern eine EU-rechtliche Klarstellung, dass die Gesundheitspolitik im Zuständigkeitsbereich der nationalen Parlamente verbleibt. ...

Die Krankenhäuser müssen als kritische Infrastruktur über-

wiegend in öffentlicher oder gemeinnütziger Hand verbleiben. Ebenso muss der gesetzlich verankerte Sicherstellungsauftrag durch die öffentliche Hand ... gewährleistet werden. ... Dies gilt sinngemäß auch für stationäre Pflegeeinrichtungen und für Medizinische Versorgungszentren (MVZ). ...

Zur Sicherstellung einer flächendeckenden Versorgung mit Arzneimitteln ist nach wie vor ein landesweites Netz an inhabergeführten Apotheken unabdingbar. ... Dieses regional verankerte Versorgungsmodell wird jedoch durch den zunehmenden Versandhandel mit rezeptpflichtigen Medikamenten bedroht. Aus diesem Grund haben die meisten EU-Staaten den Versandhandel verboten oder stark eingeschränkt. Auch in Deutschland sollte der Versandhandel von Arzneien nicht mehr gestattet werden. ...

Um überregionale Lieferengpässe zu vermeiden, ist sicherzustellen, dass in Deutschland verwendete Arzneimittel ausschließlich in Europa produziert werden. Darüber hinaus soll der Arzneimittelgroßhandel in Deutschland verpflichtet werden, mindestens einen durchschnittlichen Zweimonatsbedarf an versorgungsrelevanten Arzneimitteln ständig vorrätig zu halten. ...

Nach de[m] Gesetz zum Schutz von Kindern mit Varianten der Geschlechtsentwicklung ... wird in Deutschland eine Geschlechtsumwandlung auch von Minderjährigen ohne Zustimmung der Erziehungsberechtigten wesentlich erleichtert. ... Was in Deutschland bereits in Gesetzesform vorliegt, soll auf EU-Ebene als verbindliches „Recht" für alle Bürger eingeführt werden. ... Damit schränkt der Staat das im Grundgesetz

*verankerte Selbstbestimmungsrecht der Bürger über ihren
eigenen Körper grundrechtswidrig ein. ...*

*[W]ir [fordern] den Stopp der Zulassung von mRNA- und vektorbasierten Corona-Injektionen durch die EU-Kommission ...
. Eine juristische Aufarbeitung der Zulassung von Corona-Injektionen durch die EU-Kommission auf Empfehlung der Europäischen Arzneimittel-Agentur halten wir für unabdingbar. ...*

*Für die AfD gehört die Möglichkeit, Leistungen von Heilpraktikern in Anspruch zu nehmen, zur Selbstbestimmung
des Patienten über seinen Körper und über seine persönliche
Gesundheitsvorsorge. Jeder Patient soll eigenverantwortlich
über die ihn jeweils betreffenden medizinischen Maßnahmen
entscheiden. ...*

*Die Beschäftigung von ausländischem Personal, das oftmals
sprachliche Defizite aufweist, kann ... keine Lösung zur Behebung des Personalmangels im Gesundheitswesen darstellen. ... Dem Mangel an Ärzten muss vorwiegend durch eine
Vergrößerung der Studienplatzkapazitäten begegnet werden,
zumal in Deutschland kein Mangel an qualifizierten Studienplatzbewerbern besteht. ...*

*Der geplante Europäische Gesundheitsdatenraum ... wäre ein
weiteres bürokratisches Monstrum, birgt ein erhebliches Missbrauchspotenzial und führt zur Einschränkung der persönlichen Freiheitsrechte.“ (S. 43 – 45)*

Antwort PF34: Wie bei anderen Themen beziehen sich die Forderungen der AfD auch im Bereich der Gesundheitspolitik nur teilweise auf die EU. Eine Vergrößerung von Studienplatzkapazitäten, die Zulassung von Heilpraktikern, die Organisation der Krankenhäuser und der MVZ in Deutschland, die Vorratshaltung von Arzneimitteln sowie die Zulassung von Versandapotheken sind zunächst einmal nationale Angelegenheiten und daher für die Europawahl 2024 grundsätzlich irrelevant. Ausnahmen können sich allenfalls aus den Regeln des europäischen Binnenmarkts ergeben.

Auf europäischer Ebene liegt die Gesundheitspolitik grundsätzlich in den Händen der Mitgliedsstaaten, allerdings mit ergänzenden Kompetenzen der EU beispielsweise im Bereich weitverbreiteter schwerwiegender Krankheiten und schwerwiegender grenzüberschreitender Gesundheitsgefahren, die in einem der grundlegenden Verträge festgehalten sind. Um dies zu ändern, müssten alle Mitgliedsstaaten diesen Vertrag ändern, was nur einstimmig möglich ist und damit höchstwahrscheinlich nicht eintritt, oder die EU verlassen bzw. sich die EU freiwillig auflösen. Deshalb ist die Forderung nach einer Klarstellung, dass die Gesundheitspolitik im Zuständigkeitsbereich der Mitgliedsstaaten „bleibt", nicht nachvollziehbar, da die Zuständigkeiten eindeutig geklärt sind.

Konkrete Forderungen aus dem Bereich der Gesundheitspolitik mit klarem EU-Bezug beziehen sich auf die Zulassung von mRNA- und vektorbasierten Corona-Injektionen und den geplanten Europäischen Gesundheitsdatenraum. Man kann dazu höchst unterschiedlicher Meinung sein, aber beide Themen sind für die Europawahl relevant. Dazu gehört allerdings nicht das Thema „Geschlechtsumwandlung": es sind keine Pläne bekannt, auf EU-Ebene ein „Recht" auf Geschlechtsumwandlung aller Bürger einzuführen, ganz abgesehen davon, dass dafür jegliche rechtliche Grundlage fehlen würde.

Bewertung PF34: die Mehrzahl der Forderungen sind für die Europawahl **irrelevant**, zwei Vorschläge zudem nicht **nachvollziehbar**

PF35: „Familien regeln ihre Angelegenheiten am besten selbständig und eigenverantwortlich. Nur wenn dies nicht gelingt, ist Hilfe zur Selbsthilfe zu leisten. Die AfD fordert, dass diese ausschließlich auf nationalstaatlicher Ebene erfolgt. Die EU ist nicht für Familienpolitik zuständig. Sie darf daher nicht in Familien hineinregieren, ihre Lebensentwürfe beeinflussen oder gar konkret durch Quoten steuern. Indem die Europäische Union gesellschafts- und familienpolitische Handlungsfelder zunehmend an sich zieht, verletzt sie das elementare Subsidiaritätsprinzip, auf das sie sich selbst verpflichtet hat.

Die Gesetzgebungskompetenz zu allen ethischen und familienpolitischen Themen, insbesondere beim Lebens-, Selbstbestimmungs-, Eheschließungs- und Scheidungsrecht, muss bei den Nationalstaaten verbleiben. ... Die AfD setzt sich deshalb für nationalstaatliche Konzepte zur Verbesserung der Lebensqualität von Familien ein. ...

Aktuell versuchen einflussreiche Gruppierungen in der EU, Abtreibung zur Normalität oder sogar zum „Menschenrecht" zu erklären. ... Dieser grotesken Bagatellisierung und Verharmlosung der Kindstötung wird die AfD im Europaparlament entschieden entgegentreten. ... Wir setzen uns dafür ein, dass Mütter umfangreiche Unterstützung in der Schwangerschaft und nach der Geburt erhalten, insbesondere in schwierigen Lebenslagen.*

Andererseits sind immer mehr ungewollt kinderlose Paare bereit, Geld für ein Kind zu zahlen. ... Adoptionen können eine Lösung ... sein, sollten aber weiterhin auf nationaler Ebene geregelt werden. ...

Die AfD fordert ein Verbot von „Geschlechtsumwandlungen" bei Minderjährigen sowie eine rigide Einschränkung von medikamentösen Behandlungen, z. B. mit Pubertätsblockern. ...

Allein im Jahr 2021 wurden ca. 459 Millionen Euro deutsche Steuermittel als Kindergeld ins Ausland gezahlt ... . Das ist ungerecht und schafft erhebliche Anreize zur Sozialmigration. Die bestehende Regelung muss durch Korrektur der EU-Verordnung 883/2004 geändert werden." (S. 46 – 47)

Antwort PF35: Die AfD stellt vollkommen zu Recht fest, dass die EU im Bereich der Familienpolitik keine Kompetenzen hat. Es sind auch keine Bestrebungen bekannt, daran irgendetwas zu ändern, was nur durch grundsätzliche Rechtsänderungen möglich wäre – wofür wieder Einstimmigkeit erforderlich wäre. Von daher sind mit einer Ausnahme (Änderung der Verordnung 883/2004) keine der Forderungen der AfD in diesem Bereich nachvollziehbar: sie sind vollkommen aus der Luft gegriffen, ganz egal ob es um „Quoten von Lebensentwürfen", um das „Lebens-, Selbstbestimmungs-, Eheschließungs- und Scheidungsrecht", um Abtreibung oder um Adoptionen geht. All diese Forderungen stehen im diametralen Widerspruch zur fehlenden Kompetenz der EU in diesem Bereich.

Bewertung PF35: mit einer Ausnahme **widersprüchlich**

Wir fordern: Bildungseinrichtungen dürfen kein Ort der politischen Indoktrination sein. An deutschen Bildungseinrichtungen wird durch den zunehmenden Einfluss der EU „Haltung" statt Wissen vermittelt. Leitbild der Bildung im Sinne der Aufklärung muss jedoch der mündige Bürger mit eigenem Urteilsvermögen sein. ...

Die AfD begrüßt die internationale Zusammenarbeit, wie sie in der Wissenschaftsgemeinde gang und gäbe ist. Sie fühlt sich der Subsidiarität verpflichtet und will, wo immer möglich, die Forschungsförderung in nationaler Hoheit zu belassen. Unsere Forderungen lauten daher:

- *Technikoffenheit und Forschungsfreiheit ohne ideologische Förderung.*
- *Europäische Forschungs- und Innovationsförderung zurückfahren, kein Nachfolgeprogramm zu „Horizon 2020", Europäischen Wissenschaftsrat auflösen.*
- *Subsidiarität respektieren: Forschungs- und Innovationsförderung in nationaler Hand oder auf Basis von bi- und multilateralen Abkommen der Mitgliedsländer.*
- *Ziele der AfD sind die Stärkung der Autarkie der Mitgliedstaaten der EU in Schlüsselindustrien (Wehrtechnik, Energieversorgung, Mobilität, Digitalisierung inklusive Kryptografie, Gesundheits- und Nahrungsmittelversorgung) sowie eine Diversifizierung der Grundlagenforschung.*
- *Marktverzerrungen beenden, Technikverbote (Verbrennungsmotor, Öl-/Gasheizung) abschaffen. Zu den Ausnahmen, die wir sinnvollerweise im Wege internationaler Zusammenarbeit angehen wollen, gehören Großprojekte wie das europäische Raumfahrtprogramm, die Aktivitäten*

Antwort PF36: Bei der Bildungs- und Forschungspolitik ist es wie bei anderen Politikbereichen auch: es gibt ein Nebeneinander von europäischen und nationalen Zuständigkeiten. Der EU-Teil ist in einem der grundlegenden Verträge geregelt, die nur einstimmig geändert werden können, was in der Realität nicht vorkommen wird, so dass dieses Nebeneinander bestehen bleiben wird, solange Deutschland nicht aus der EU austritt oder sie sich selbst auflöst. Die Forderung nach einer Rückübertragung von Kompetenzen ist also unvereinbar mit geltendem Recht.

Von den konkreten Forderungen der AfD beziehen sich viele auf nationale Belange, die mit der EU nichts zu tun haben – und deren Begründungen nicht alle Betroffenen teilen werden. Hierzu gehören u.a. die Forderungen nach der Unabhängigkeit der Spitzenforschung und der Erhalt von Förder- und Sonderschulen, aber auch die Forderung nach der Wiederherstellung des „hohe[n] wissenschaftliche[n] Niveau[s] der deutschen Universitäten“. Dabei ist nicht unmittelbar ersichtlich, was das mit Diplom- und Magisterstudiengängen zu tun haben soll, die weiterhin zulässig sind, wenn auch deren automatische Anerkennung in anderen Ländern nicht ohne Probleme möglich ist.

Die Frage der Anerkennung dualer Bildungsabschlüsse ist relevant.

Forschung und Innovation sind häufig mit hohen Kosten verbunden und daher nur durch internationale Zusammenarbeit und finanzielle Förderung möglich. Die Forderung nach einer stärkeren Rückverlagerung auf die nationale Ebene ist deshalb kontraproduktiv und gleichzeitig widersprüchlich, wenn stärkere Zusammenarbeit in bestimmten Bereichen gefordert wird. Eine Alternative mit Hilfe von bi- und multilateralen Abkommen zwischen Staaten ist administrativ zu aufwändig und dürfte deutsche Forschung im Vergleich zur Forschung in anderen Ländern zurückwerfen.

Forderungen im Zusammenhang mit einem „ideologische[n] Einfluss der Politik" auf die Forschung, einer „ideologischen Indoktrination" oder der Vermittlung von „Haltung statt Wissen" in Bildungseinrichtungen erscheinen ausschließlich durch die Ideologie der AfD motiviert.

Bewertung PF36: mit einer Ausnahme **unvereinbar** mit europäischem Recht, **irrelevant**, **kontraproduktiv** oder **widersprüchlich**

PF37: „Die AfD setzt sich für den Erhalt und die Pflege des deutschen und europäischen Kulturerbes ein. EU-Mittel sollten nur für Notfälle bereitgestellt werden, um einen Verlust von Kulturgut zu verhindern. ... Die Mittelvergabe darf nicht an Rahmenvorgaben der politischen Korrektheit, etwa an Auflagen des „Gender Mainstreaming" oder „Diversity"-Vorgaben, gebunden werden. ... Der europaweit grassierenden Tendenz, die Kolonialgeschichte der europäischen Nationen als Verbrechensgeschichte zu erzählen, setzt die AfD eine differenzierte Sicht auf die deutsche und europäische Kolonialzeit entgegen. ... [Wir] treten ... allen Versuchen der EU entgegen, eine euro-

Antwort PF37: Auch bei der Kulturpolitik gibt es ein Nebeneinander von europäischen und nationalen Zuständigkeiten. Wie bei anderen Politiken steht bei den Forderungen der AfD in der Kulturpolitik im Vordergrund, den europäischen Einfluss zurückzudrängen. Dabei wird auf Formulierungen zurückgegriffen, die einen durchaus falschen Eindruck erwecken. Es ist nicht bekannt, dass bei der Mittelvergabe in der Kulturpolitik „Gender Mainstreaming" oder „Diversity"-Vorgaben" gemacht werden oder eine „europaweite Medienaufsicht und -regulierung an den nationalen Zuständigkeiten vorbei" etabliert wird. Es ist richtig, dass eine europäische Medienaufsicht aufgrund jüngerer Entwicklungen im Medienbereich geplant ist, deren Details aber noch auszuhandeln sind – es ist also zu früh, davon zu reden, dass diese Medienaufsicht an „den nationalen Zuständigkeiten vorbei etabliert wird". Und schließlich: selbst wenn eine „europaweit grassierenden Tendenz, die Kolonialgeschichte der europäischen Nationen als Verbrechensgeschichte zu erzählen," existieren sollte, eine Ansicht, die vermutlich nicht mehrheitsfähig wäre, dann hat sie nichts mit der EU zu tun.

Bewertung PF37: **irrelevant**, größtenteils irreführend

Administrative Forderungen

Antwort AF1: Die Forderung nach einer Verkleinerung der EU-Administration ohne Vergleich mit den zu erledigenden Aufgaben ist irreführend. Stattdessen sollten die aktuellen Beschäftigenzahlen mit denen der Verwaltungen des Bundes, der Länder und der Kommunen und idealerweise mit entsprechenden Verwaltungen in den anderen Mitgliedsstaaten in Bezug gesetzt werden. Zumindest für Deutschland zeigt sich dabei, dass die nationalen Behörden selbst unter Berücksichtigung zusätzlicher Aufgaben überproportional mehr Beschäftigte haben. Über die Förderungen von Parteien und Stiftungen ließe sich sicherlich diskutieren. Allerdings erscheint diese Forderung angesichts der Klage der AfD vor dem Bundesverfassungsgericht auf Zuweisung von Mitteln für eine eigene Stiftung auf nationaler Ebene widersprüchlich.

Bewertung AF1: **widersprüchlich**

dass die europäische Charta der Regional- und Minderheiten-
sprachen eingehalten wird." (S. 32)

Antwort AF2: Formal ist Deutsch auf europäischer Ebene allen anderen Sprachen gleichgestellt. In der Realität dominiert aber Englisch, da nur so überhaupt erst eine mündliche und schriftliche Kommunikation möglich wird. Die Forderung nach einem verstärkten Gebrauch von Deutsch dürfte bereits daran scheitern, dass man niemand vorschreiben kann und darf, welche Sprache er oder sie zu verwenden hat, was übrigens in der jüngeren Vergangenheit bereits zu einem deutlichen Rückgang der Bedeutung von Französisch geführt hat, der früher dominierenden Alltagssprache in den europäischen Institutionen. Zudem ist vollkommen unklar, wie eine solche Forderung formal umgesetzt werden könnte. Gegen die Einhaltung der „europäischen Charta der Regional- und Minderheitensprachen" ist nichts einzuwenden. Sie ist aber für die Europawahl irrelevant, da es sich dabei um einen Beschluss des Europarates handelt, der mit der EU nichts zu tun hat.

Bewertung AF2: **irrelevant**

Ergebnis

Die AfD hat auf 52 Seiten ihr Wahlprogramm für die Europawahl 2024 veröffentlicht. Es besteht aus einer Vielzahl von Ablehnungen und Forderungen aus dem gesamten Politikspektrum.

Bei einer gründlichen Durchsicht des Wahlprogramms gewinnt man den Eindruck, dass es sich eigentlich weniger um ein Wahlprogramm für eine Europawahl als vielmehr um ein Parteiprogramm mit einer gewissen Konzentration auf Belange der EU handelt. Viele Passagen haben überhaupt nichts mit der EU zu tun und hätten von daher in einem Wahlprogramm für eine Europawahl eigentlich nichts zu suchen. Die grundlegenden Ausnahmen sind die Präambel und das Kapitel mit der Überschrift „Ein Europa der Nationen".

Beschränkt man die Betrachtungen nur auf die Forderungen, die gegenüber den Ablehnungen allerdings in der Minderheit sind,

dann ist die Mehrheit der Forderungen der AfD für die Europawahl 2024 irrelevant, d.h. sie haben mit der EU nichts zu tun, sondern betreffen weitestgehend Aspekte, die in die Verantwortung der Mitgliedsstaaten und damit Deutschlands und nicht der EU fallen. Es wird dabei der Eindruck erweckt, als ob durch die Unterstützung der AfD bei der Europawahl 2024 Probleme auf europäischer Ebene gelöst werden könnten, die aber in Wirklichkeit ausschließlich nationale

Angelegenheiten sind. Diese Passagen des Wahlprogramms sind also offensichtlich Irreführungen des Wählers.

Dies gilt insbesondere für viele Forderungen in den einzelnen Politikbereichen. Zusätzlich sind sie zum Teil auch noch **kontraproduktiv** und **widersprüchlich**.

Insbesondere bei den **institutionellen** Forderungen kommt ein weiterer wesentlicher Aspekt hinzu:

Wesentliche institutionelle – wie auch einige politische – Forderungen des Wahlprogramms stehen im Widerspruch zu grundlegendem EU-Recht. Um sie umsetzen zu können, müsste man also dieses derzeit geltende grundlegende EU-Recht ändern. An keiner Stelle des Wahlprogramms der AfD wird aber erwähnt oder gar thematisiert, dass hierzu Einstimmigkeit auf europäischer Ebene erforderlich ist. Mit anderen Worten: alle der derzeit 27 Mitgliedsstaaten müssten solchen Änderungen zustimmen. Es ist derzeit höchst unwahrscheinlich, eigentlich unmöglich, dass es immer nicht wenigstens ein EU-Mitgliedsland geben wird, das so einem Änderungswunsch nicht zustimmen würde. Mit anderen Worten: diese Änderungswünsche der AfD hätten in der aktuellen Situation – und vermutlich auch in den kommenden Jahren – keine Chance realisiert zu werden, es sei denn, Deutschland würde aus der EU austreten oder die EU würde sich selbst auflösen.

Damit stellt sich die Frage, wie diese Forderungen zu interpretieren sind: sind sie lediglich als (taktisches) Wahlkampfmanöver anzusehen oder ernst gemeint? Darauf gibt das Wahlprogramm keine endgültige Antwort, aber zwei Hinweise: Zum einen wird wiederholt davon gesprochen, dass die EU in den Augen der AfD gescheitert sei, zum anderen spricht die AfD davon, dass es „[e]in vorrangiges Ziel der AfD im existierenden EU-Parlament … [sei], in der bevorstehenden Wahlperiode Parteien aus allen Ländern für das Zukunftsprojekt einer neuen europäischen Wirtschafts- und Interessengemeinschaft zu gewinnen." (S. 11).

Die Bildung dieser „neuen europäischen Wirtschafts- und Interessengemeinschaft" ist aber erneut nicht mit dem derzeit geltenden grundlegenden EU-Recht vereinbar bzw. würde Einstimmigkeit erfordern, die unmöglich zu erreichen sein dürfte. Damit können all DIESE Forderungen nur so interpretiert werden, als

dass die AfD eigentlich den Austritt Deutschlands aus der EU betreibt, unabhängig davon, was ihre Vertreter auch immer wieder öffentlich sagen und beteuern mögen. Eine Änderung der EU von innen heraus im Sinn der AfD ist nicht möglich. Die Konsequenzen wären verheerend, nicht nur für die einzelnen Staaten, sondern auch für jeden einzelnen Bürger.

Als Ergebnis der Analyse bleibt also festzuhalten:

Wer bei der Europawahl 2024 die AfD wählt, tritt für den Austritt Deutschlands aus der EU bzw. die Selbst-

auflösung der EU ein. Es ist unstrittig, dass die EU Mängel hat, aber ob sie so gravierend sind, dass dies die Aufgabe des in den letzten mehr als 50 Jahren Erreichten rechtfertigt, muss jeder Wähler für sich selbst entscheiden: Die EU hat in diesem Zeitraum für Frieden innerhalb der Gemeinschaft und über die Jahrzehnte hinweg für enormen wirtschaftlichen Wohlstand gesorgt, der durch den Austritt stark gefährdet wäre.

Statt ernsthafter Bemühungen zur Beseitigung erkannter Mängel der EU bietet die AfD als Alternative zur EU die vage formulierte Idee von bi- oder multinationalen Abkommen im Zweifel für jeden einzelnen Politikbereich in einer neuen „Wirtschafts- und Interessengemeinschaft" in einem „Bund europäischer Nationen" an, deren Details unbekannt sind, ihre Umsetzung höchst ungewiss, praktisch, soweit bekannt, (vermutlich) viel zu schwierig und daher in der Summe unrealistisch ist.

Und neben den wirtschaftlichen gäbe es auch dramatische politische Folgen: Deutschland ist ein wichtiges Mitglied der EU und sein Wort hat in der EU Gewicht. Dieses Gewicht würde mit dem Austritt aus der EU weitgehend verloren gehen, denn als einzelnes Land wäre Deutschland nur eines unter vielen mittelgroßen Ländern auf der Welt, die zunehmend Spielball der Großmächte USA, China und Russland sind. Mit dem Austritt würden wir unseren Einfluss deutlich reduzieren – und daran könnte auch ein vager Bund europäischer Nationen nichts ändern.